CH. CASTELLANI

Les Femmes au Congo

66 ILLUSTRATIONS

D'après les Dessins et les Photographies de l'Auteur.

PARIS
ERNEST FLAMMARION, ÉDITEUR, 26, RUE RACINE, PRÈS L'ODÉON

LES

FEMMES AU CONGO

A LA MÊME LIBRAIRIE

DU MÊME AUTEUR

VERS LE NIL FRANÇAIS

AVEC LA MISSION MARCHAND

UN VOLUME IN-8°

ILLUSTRÉ DE

150 reproductions

D'après les photographies et les dessins de l'auteur

PRIX 10 FR.

En belle reliure d'amateur, spéciale. Prix : 15 fr.

38225. — Imprimerie Lahure, rue de Fleurus, 9, à Paris

LES

FEMMES AU CONGO

PAR

CH. CASTELLANI

PARIS

ERNEST FLAMMARION, ÉDITEUR

26, RUE RACINE, PRÈS L'ODÉON

AU

CAPITAINE BARATIER

MON ÉLÈVE ET MON AMI

Son Compagnon du Quilou

LE PEINTRE CASTELLANI.

AVANT-PROPOS

Ce livre, que j'ai écrit avec les documents les plus sérieux, documents vécus et pris sur le vif, n'a rien à voir avec un roman. C'est pour ainsi dire le *complément* du volume intitulé : *Vers le Nil français, avec la Mission Marchand*. Cette première œuvre, devant être présentée non seulement au public, mais à la jeunesse des lycées, avait été soigneusement revisée par MM. les Éditeurs qui, ne voulant pas choquer l'innocence ou la pruderie de leur clientèle, avaient scrupuleusement écarté tout ce qui touchait à l'*élé-*

ment féminin et aux *mœurs* tout à fait primitives des peuples que j'ai visités.

Je pense qu'on me saura gré de la reconstitution d'une partie essentiellement intéressante de mon voyage, l'*histoire de la femme au centre africain.*

C'est dans cette vue que j'ai rassemblé les faits et anecdotes qui pourront y servir.

Ces faits se rencontreront parfois plutôt sans voiles et par conséquent délicats à traiter; mais j'aurai soin, en effleurant les sujets un peu scabreux, de sauvegarder la décence du style et la dignité de l'expression.

Ceci établi, commençons notre récit et tâchons d'être philosophe en même temps que voyageur, c'est-à-dire montrons des études et des peintures destinées à instruire plutôt qu'à émouvoir.

LES

FEMMES AU CONGO

CHAPITRE PREMIER

Le mot de Samba. — Les mulâtresses. — Les méfaits de nos Sénégalais et le palabre. — La légende du gorille. — Le chef aveugle.

Combien de fois, depuis mon retour du Congo, ne m'a-t-on pas posé cette question : « *Et les femmes?* » question le plus souvent accompagnée d'un petit clignement d'œil significatif, qui voulait être à la fois fin, scrutateur, voire un peu .. comment dirais-je?... folichon.

Eh bien, chers lecteurs et lectrices, sachez d'abord ceci pour votre gouverne : sous la zone torride, les pauvres Européens sentent rapidement se calmer leur enthousiasme à l'endroit du beau sexe, et les prouesses dans le *genre* sont plutôt rares. La chaleur, la fièvre, les fatigues de toutes sortes (je parle au moins pour les explorateurs en marche) ont bien vite raison des tempéraments les plus fougueux, des imaginations les plus montées.

Par conséquent, méfiez-vous des conteurs d'exploits amoureux, aux colonies. Il y a peut-être des exceptions, mais elles sont rares.

J'aurais pu ajouter aussi, pour répondre à la question « Et les femmes? » mon Dieu, les femmes, *c'est à peu près comme partout;* mais cette réponse eût dépassé ma pensée et peut-être offensé la légitime susceptibilité de nos jolies blanches.

Pourtant, je déclare avoir rencontré nombre de négresses qui auraient pu répondre orgueilleusement, comme dans *le Cantique des cantiques: Nigra sum, sed formosa* (je suis noire, mais je suis belle); et, s'il n'y a pas de comparaison possible entre nos dames civilisées et les sauvagesses du Congo et de l'Oubanghi, en revanche beaucoup de nos paysannes n'ont certes ni la grâce, ni même la finesse d'épiderme de certaines indigènes du Cassaï ou de la Sangha. Je ne parle pas des femmes métisses ou mulâtresses de la côte ; il y en a d'admirablement belles.

Quant à la couleur, j'affirme également que j'ai vu sur le continent africain des créatures, d'un ton d'or pâle ou même de cuivre rouge, dont la peau pouvait lutter, comme finesse de grain et comme satiné, avec les peaux blanches les plus délicates; on trouve même des *beautés* ayant le foncé du plus bel ébène; et puis, pourrais-je enfin ajouter, comme argument péremptoire et sans appel : « La femme noire, *c'est autre chose* »; c'est bien là la grande affaire, et le mot peut être mis en pendant de celui de Samba, le Sénégalais de Marchand, que celui-ci avait mené à Paris et présenté dans tous les milieux demi-mondains : comme ses camarades le questionnaient à propos des fameuses blanches, les Parisiennes, le nègre s'écria, les dents éclatantes et les yeux écarquillés : « *Oh! c'est bien plus meilleur!* »

Ce qui par exemple demeure sans comparaison possible chez nos femmes d'Europe, c'est leur chevelure, dont le soyeux, la souplesse et les tons merveilleux s'échantillonnent depuis le noir éclatant de l'aile du corbeau jusqu'aux tresses les plus délicieusement blondes; quels splendides diadèmes! et faut-il qu'il y ait des femmes assez sottes ou assez dépravées pour se les couper.

Il est encore une erreur, une calomnie qu'il faut dissiper : la négresse, affirme-t-on, exhale une mauvaise odeur, et sa peau est huileuse.

Ces inconvénients sont tout à fait exceptionnels, exactement comme chez nous : la plupart des femmes noires ont au contraire un petit *goût de noisette*, qui est plutôt agréable. Elles déclarent, du reste, quand on leur reproche leur prétendue odeur, que nous autres blancs nous *sentons le mort*. La riposte vaut l'attaque.

On peut, pour clôturer ce débat, avancer sans crainte d'être contredit, qu'en été les chambrées de nos fantassins, retour de revue, ne sentent pas précisément la violette et que la gendarmerie a acquis une réputation légendaire qu'aucune senteur exotique ne saurait détrôner.

Je vais vous présenter mes types d'Africaines dans l'ordre où ils me sont apparus sur la route que j'ai suivie.

C'est à Dakar que j'ai aperçu les premières femmes de couleur, négresses et mulâtresses, toutes pittoresquement vêtues d'étoffes éclatantes et parées de bijoux bien appropriés à leurs physionomies. Les *sang-mêlées*, avec leur teint

NIGRA SUM, SED FORMOSA.

1.

mat et leurs yeux noirs aux longs cils retroussés, leur démarche flexible et nonchalante, avec leurs allures de couleuvres et leurs regards qui semblent chercher ceux des hommes, laissent plutôt des impressions troublantes et pleines de volupté.

Je me suis laissé dire que ces *sirènes* sont dangereuses, et pour la santé et pour la bourse des voyageurs. Quelques-unes ont un nom à la côte; et mes compagnons de voyage m'ont semblé pas mal au courant de leurs faits et gestes.

Une certaine Virginie, dont on m'a conté l'odyssée et la fortune, me paraît avoir laissé quelque trace dans l'esprit de ces messieurs. L'héroïne en question, après une existence des plus mouvementées, aurait fini par épouser un riche colon anglais et donnerait aujourd'hui l'exemple des vertus les plus domestiques et les plus chrétiennes.

Tout cela n'est pas absolument nouveau, et dans notre vieille Europe nous sommes un peu blasés sur ce genre de faits-divers.

Est-ce que nous ne coudoyons pas à chaque instant, dans ce qu'on appelle le *monde*, quantité d'anciennes drôlesses, dont la fortune et l'âge ont forcément modifié les allures? C'est parmi ces personnes, maintenant remarquables par leur pruderie et la sévérité de leur maintien, que se recrutent souvent les *dames patronnesses* et dites *de charité.* On en a vu, dans un autre milieu, devenir bonnes femmes de ménage et excellentes mères de famille, témoin les jeunes filles de certains cantons de la Suisse ou les Ouled-Naïls d'Algérie, qui vont à l'étranger demander des dots à la prostitution et rentrent ensuite dans la vie régulière.

Mais revenons aux Africaines.

A Dréwin et à Konakay, où j'ai débarqué en compagnie d'officiers et de coloniaux, j'ai encore vu de charmantes mulâtrèsses, toujours mêmes types de Vénus impudique : l'une d'elles, quoique mariée à un blanc, souriait audacieusement à nos officiers en extase devant sa fenêtre. Quant à l'autre, à en juger par ses façons peu farouches, elle m'a paru appartenir à la corporation des *professionnelles beautés*, prêtes à offrir toute sorte d'hospitalité contre espèces sonnantes; se prêtant du reste *gratis* au *flirt* le plus hardi, au beau milieu de la plage sableuse; et ce, au nez et à la barbe du soleil.

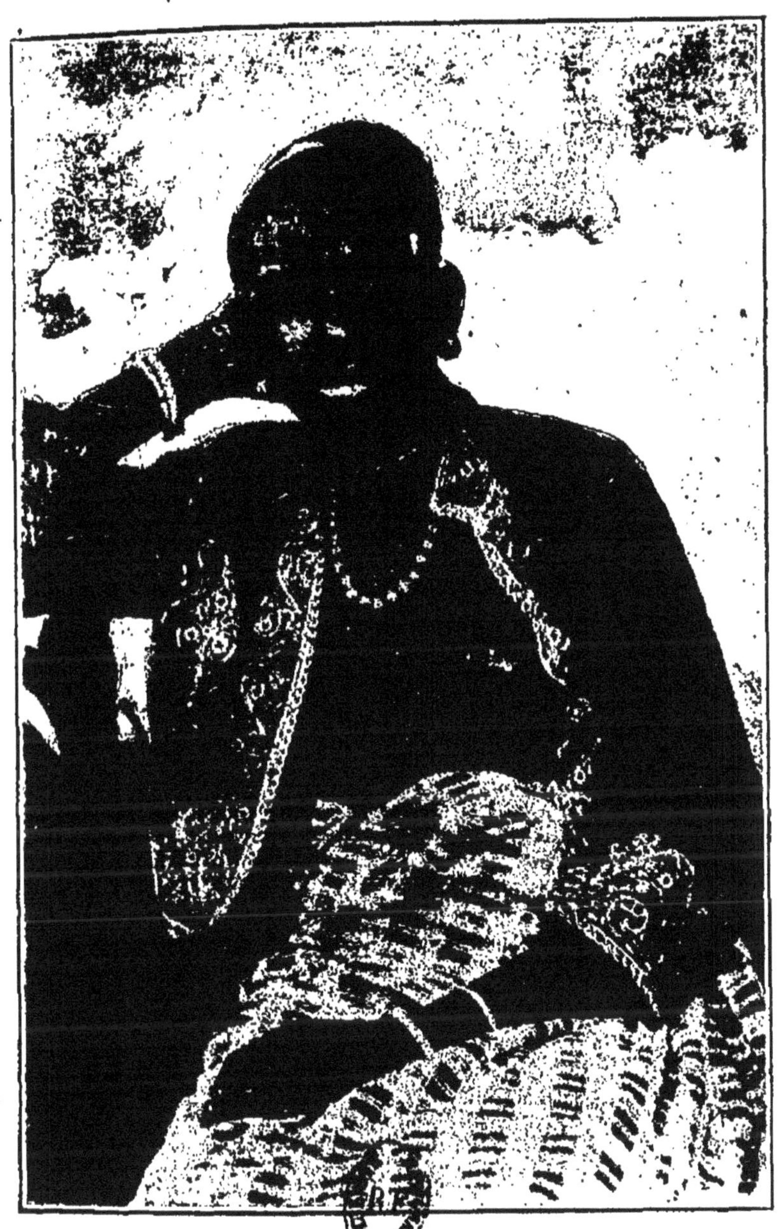

SÉNÉGALAISE RICHE, EN VESTE DE VELOURS BRODÉE.

Je vois encore cette belle odalisque, à demi couchée sur la grève brûlante, simplement abritée sous son parasol bleu, à peine vêtue d'un peignoir rose transparent, dont les bâillements indiscrets laissaient entrevoir des splendeurs de formes, vers lesquelles ces messieurs esquissaient des gestes, plutôt mollement repoussés. Une tornade effroyable interrompit heureusement ce manège dangereux et immoral, bon au plus pour des Français, mais qui eut paru *shoking* au dernier chef à des Anglais : la belle déesse se dressa sur ses petits pieds chaussés de babouches et prit la fuite avec la légèreté d'une antilope, espérant sans doute être suivie.

Ces messieurs furent raisonnables et se réfugièrent sous un hangar, en attendant la fin de l'ouragan. Il est vrai que d'autres femmes, noires cette fois, y étaient entassées déjà et se serraient en poussant des petits cris à chaque coup de tonnerre, affectant une frayeur très exagérée et pleine de provocation envers les blancs, qui recommencèrent à flirter : « faute de grives on se contente de merles. »

La trombe passée, on reprit le chemin du bord, abandonnant cette plage, dont les habitantes ne demandaient qu'à rire. J'ai pu juger du premier coup qu'on n'était pas bégueule à la côte d'Afrique. Ça n'était que le commencement, et je devais en voir bien d'autres.

A *Grand Lahou*, où séjournent encore deux compagnies de tirailleurs sénégalais, le capitaine qui commande cette station reçut, pendant que nous étions à terre, la visite d'un vieux chef, accompagné de ses fils et de plusieurs grands dignitaires; ils venaient porter plainte contre les tirailleurs. Le fils aîné, qui parlait un peu le français, s'exprima avec véhémence en ces termes : « *Tu sais, capitaine, il y a tirailleurs qui a venu village*, qui a *embrassé* femmes, donné coups hommes et tué poules. » Tous ces gens me paraissaient en proie à une grande indignation et à une grande colère. En somme, il y avait de quoi : après tout, c'était le *déshonneur* porté dans les familles; et moi-même, malgré le comique de la déposition, je plaignais ces pauvres diables.

Le capitaine, après avoir écouté gravement la plainte, répondit : « C'est bien, nous verrons. »

Ça ne faisait pas tout à fait le compte du chef, qui fit subitement un geste éloquent avec son pouce dirigé vers sa bouche ouverte comme un

MULATRESSE.

four, en renversant et balançant la tête en arrière. Le capitaine comprit, et immédiatement fit apporter deux bouteilles de *tafia*. Toutes les figures s'étaient illuminées à la vue du liquide. En un tour de main, le monarque ingurgita le contenu de l'une d'elles, laissant généreusement circuler l'autre parmi les assistants : *l'honneur était satisfait;* et le chef reprit tranquillement la route de ses États, suivi de ses grands dignitaires, après nous avoir serré la main avec effusion, emportant avec lui l'espoir d'une *indemnité* promise par le capitaine.

Comme vous pouvez voir, il y a ici, en pareil cas moins d'*histoires* que chez nous; et ces gens-là me paraissent avoir très bon caractère.

J'allais omettre un détail important de l'aventure, détail très typique au point de vue des mœurs : le chef, qui me paraissait âgé et vénérable, avait fait, au moment de nous quitter, un autre geste, beaucoup moins honnête que le premier, mais tout aussi compréhensible dans son inconvenance. Il s'agissait d'une requête, à laquelle le docteur s'était empressé d'obtempérer, lui remettant une petite fiole, que le monarque avait serrée précieusement sous son *péplum*. J'ai su depuis qu'il s'agissait d'un médicament dénommé teinture de c..., remède qui, paraît-il, donne de la gaieté aux gens les plus tristes. Le dit ingrédient est très demandé sur la côte et autres lieux de la terre africaine. Avis aux notables commerçants de Marseille. Tâchons pour une fois de ne pas nous laisser distancer en affaires par la perfide Albion ou nos voisins, les Allemands.

A Dréwin, pendant que nous visitions les abords de la forêt environnante, le chef douanier nous conta qu'un gorille, errant dans les massifs de cette forêt, avait mis en pièces un jeune garçon et répandait la terreur parmi les femmes du pays, qui prétendaient l'avoir aperçu à travers les fourrés.

Je n'ai eu, à propos de cette bête étrange et terrible, que des données très vagues, touchant la prétendue habitude qu'on lui a prêtée d'enlever les femmes.

En général, il fuit les lieux habités, et on l'aperçoit très rarement. C'est dans les forêts les plus impénétrables qu'il semble vivre de préférence, isolé de tous les autres animaux, qui le redoutent à cause de son irascibilité et de sa force prodigieuse.

Pour mon compte personnel, je n'en ai jamais vu à l'état libre et je pencherais à croire que tout ce qui a été écrit ou raconté à propos des relations intimes que des gorilles auraient entretenues avec des négresses, dont ils auraient même eu des enfants, est une pure farce. Néanmoins, on s'est plu à répandre ces fables; et, chez les habitants de l'Afrique eux-mêmes, il court des légendes amoureuses sur les gorilles et les femmes de certaines contrées. Dans tous les cas, ces liaisons, si elles existaient, ne sauraient rien avoir de bien *platonique;* je ne vois guère pour les poëtes lamartiniens la possibilité de célébrer de pareilles amours : on se figure difficilement une jeune fiancée se promenant sur les bords du lac Nyanza, la main dans la main d'un gorille.

Et nous allions tous deux...

A Dréwin, il nous fut encore donné d'assister à un grand *palabre* dans un village, dont le vieux chef aveugle nous combla de présents, parmi lesquels était un bouc, que je ramenai moi-même et dont nous fîmes cadeau au chef douanier. Je me souviendrai toujours du mal que me donna cette bête, que je dus littéralement traîner durant plus d'une heure, en y employant toutes mes forces. Il faisait une chaleur effroyable et j'enfonçais dans le sable; j'étais demeuré seul en arrière de mes compagnons, luttant avec mon bouc, qui s'arc-boutait avec fureur et refusait d'avancer, tandis qu'une bande de nègres me suivait sournoisement à distance, espérant bien voir l'animal rompre la liane qui lui attachait les cornes et se sauver dans la brousse, où ces pillards l'auraient certainement rattrapé pour leur compte. Heureusement, je sortis vainqueur dans cette première épreuve en Afrique, épreuve qui ne devait me rapporter que de l'honneur.

CHAPITRE II

Religieuses et Sénégalais. — A propos des conversations grivoises. — La volupté est traîtresse en Afrique. — Dahoméennes, femmes acras, Pahouines.

Je ne vous entretiendrai pas longuement de nos faits et gestes à bord du *Stamboul*, de joyeuse mémoire, attendu qu'en fait de femmes, il ne s'y trouvait que des religieuses, s'aventurant à peine sur le pont et entourées par nous des plus grands égards et respects. Ces pauvres filles, pour lesquelles je conserve une grande pitié et une grande vénération, étaient à peu près toutes très jeunes, avec de frais visages, écartant toute idée impure; malheureuses victimes, vouées par avance à la consomption et à la mort.

Il leur arriva une petite mésaventure.

Nous avions embarqué (1), si vous vous souve-

(1) Voy. *Vers le Nil français avec la mission Marchand.* 1 beau vol. in-8°, orné de 150 illustrat. Prix, broché : 10 fr.

nez, une compagnie de Sénégalais à Dakar, sous le commandement du distingué lieutenant Mangin (aujourd'hui capitaine à Fashoda, sur le Nil).

Ces bons noirs étaient de temps à autre soumis à une arrosade ou baignade, à l'avant du bateau; et chaque fois que la séance avait lieu, comme ces gaillards n'étaient ornés d'aucun caleçon et présentaient à la vue les aspects les plus *extraordinaires* qu'on puisse imaginer, on avait soin de prévenir les sœurs, de sorte qu'elles ne se montraient pas sur le pont, tant que durait l'ablution. Un jour pourtant, les pauvres filles, non averties, débouchèrent à l'improviste en face de la représentation : tableau!! Après un court moment de stupeur (et il y avait de quoi), elles firent volte-face et prirent la fuite, épouvantées; malheureusement, elles avaient eu le temps de voir. Les Sénégalais, sentant qu'ils étaient inconvenants et comprenant la décence à leur manière, avaient d'un seul mouvement, comme à une parade, saisi tous les objets compromettants et les avaient brusquement fait passer derrière eux, dissimulant le tout avec une physionomie pleine de modestie et d'innocence.

Jamais je n'ai vu un spectacle plus comique

MILICIEN SÉNÉGALAIS, SA FEMME ET SA DOMESTIQUE.

que celui de ces moricauds, dont il fut pour un instant impossible de discerner le sexe. Aussitôt les religieuses disparues, les Sénégalais, avec le même ensemble, remirent en place les objets escamotés, persuadés qu'ils avaient sauvé toutes les convenances.

Ce n'était pas la première fois que j'observais cette pudique manœuvre chez les nègres de la côte; plus tard, je vis les *Croumanes* exécuter le même mouvement, en face de dames anglaises surgies à l'improviste; *shocking indeed!*

A propos de cette histoire, qui prêtera plutôt à rire, je ferai remarquer au lecteur que les noirs, même les plus nus, m'ont toujours paru plus convenables et plus respectueux d'allures et de maintien, vis-à-vis des femmes, que certains blancs. Ces derniers trouvent toujours moyen de plaisanter et de tourner en ridicule les actes les plus légitimes et les plus sacrés de l'amour, oubliant que cette façon d'agir et de penser, outre qu'elle est peu généreuse, est dégradante et avilissante pour la femme, qu'on devrait toujours entourer d'attentions et de respect, à propos de ses fonctions de créatrice et de mère.

Ne voyons-nous pas, à chaque instant, des

hommes, qui passent pour bien élevés, se livrer devant des dames à des conversations qui, pour être comiques ou même spirituelles, n'en sont pas moins offensantes pour le sexe auquel appartiennent nos sœurs et nos épouses. Mais c'est plus fort que nous (je parle pour les Français), et souvent même les dames se prêtent à ces sortes de plaisanteries qui, d'abord badines ou légères, deviennent quelquefois graveleuses et obscènes. Chez nous, on s'accorde à trouver cela très amusant; et ce genre de distractions paraît progresser considérablement dans les milieux dits *intellectuels*. Il est juste d'ajouter, tant il est vrai qu'il n'y a rien d'absolu, qu'en revanche nos voisins, anglais et allemands, cachent le plus souvent, sous des dehors sévères et des conversations gourmées, une hypocrisie et une dépravation dont les récents scandales de Londres et de Berlin nous ont donné les preuves indéniables. Si les Français sont souvent farceurs ou trop gais, les autres sont presque toujours tartufes, lugubres et libidineux.

Pour en revenir au bon nègre, on peut dire qu'en fait de flirt et d'amour il obéit simplement à des ardeurs de climat et de tempérament abso-

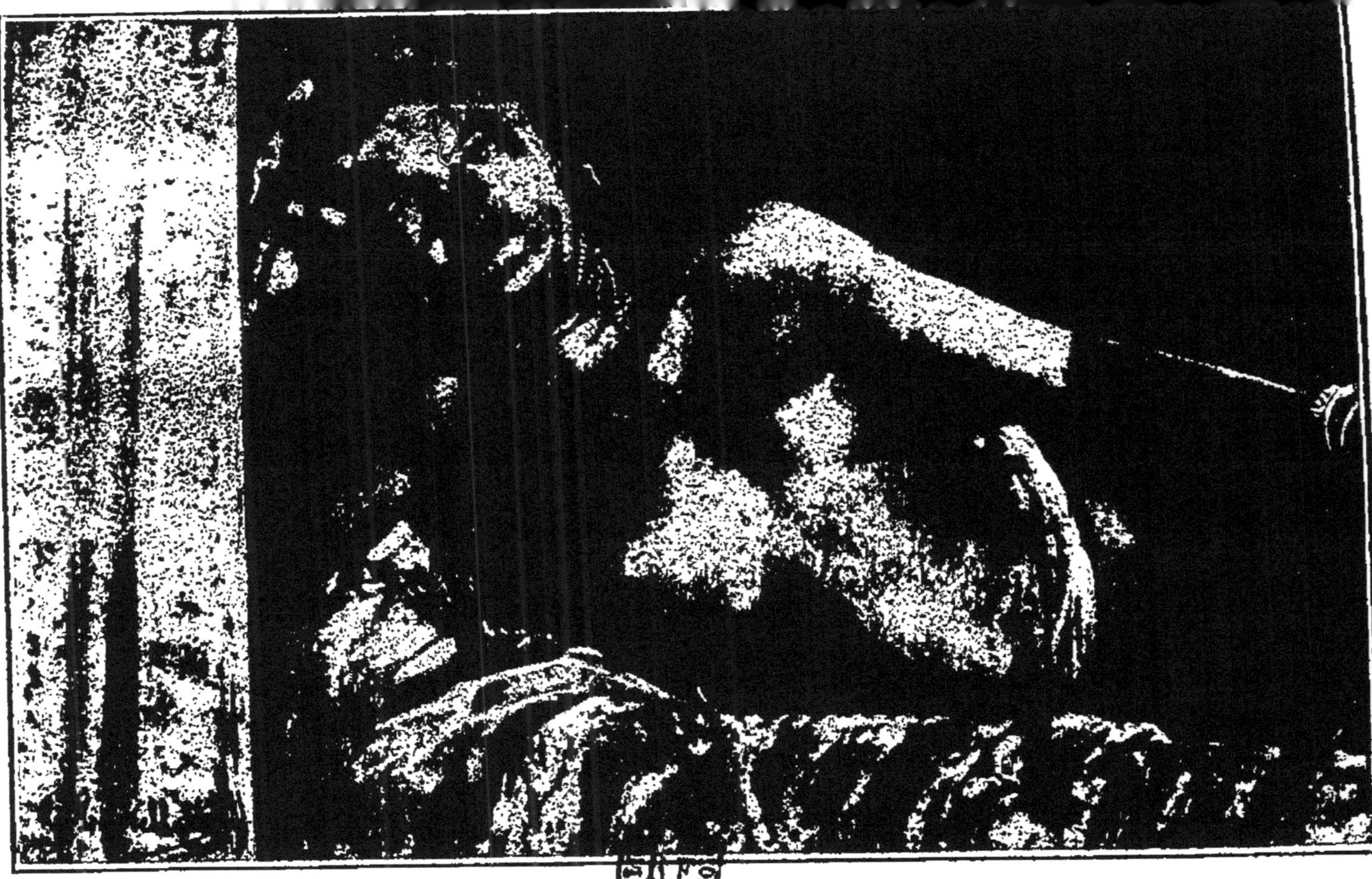

FEMME GALANTE.

lument légitimes. Sa compagne noire est dans le même cas : voluptueuse, sans être dépravée, elle suit ses instincts de tendresse caressante et d'esclave soumise, sous l'impulsion d'un sang brûlant, qui par instants font luire ses yeux comme ceux des louves; malheur au blanc qui s'abandonne à ses étreintes : elles sont énervantes et deviennent souvent mortelles. Je voudrais pouvoir écrire ce qu'on m'a raconté des prévenances incroyables qu'elles ont pour leurs compagnons de sommeil : toutes les tendresses, les soins délicats d'une mère pour son enfant, ces créatures les prodiguent à l'amant qui repose auprès d'elles. C'est le cas de dire au voyageur, à l'instar du sage Mentor, s'adressant au jeune et imprudent Télémaque : « Fuyez... », etc.

C'est en Afrique que l'amour distille ses plus subtils poisons.

Il va sans dire qu'il ne s'agit ici que des caractères généraux de l'espèce, laquelle se présente sous les aspects les plus divers et les plus variés; vous pourrez en juger par la suite.

Je n'ai fait que frôler le *Dahomey*, la terre des fameuses Amazones. C'est au fond de la *Rade aux requins*, de sinistre mémoire, que j'ai pris pied durant plusieurs heures, juste le temps d'attraper la fièvre.

Je trouve là quelques documents intéressants, que je me contente de mettre sous les yeux du lecteur; il appréciera aussi bien que moi les *beautés* dont je me suis procuré les images. C'est avec ces jeunes personnes que *Béhanzin* composait sa garde. A mon avis, l'uniforme de ces *vierges*, s'il est exact, me paraît un peu écourté et plutôt fait pour laisser une grande liberté aux mouvements; le *shako*, malgré ses ornements, manque certainement d'élégance. Ces filles, réellement très bien bâties, pèchent tout à fait par la distinction et la grâce. La petite gaîne qui pend à leur côté gauche est sûrement destinée à renfermer le fameux couteau ou rasoir qui faisait tant frémir nos pauvres tourlourous.

Permettez-moi de vous présenter également deux échantillons de femmes acras (colonie anglaise) et plusieurs types de Pahouines, peu charmantes personnes; je n'ai fait que les entrevoir, sans en être très impressionné. C'est vraiment par trop barbare d'aspect; et là où la grâce disparaît, on peut dire qu'il n'y a plus de femmes.

AMAZONES DAHOMÉENNES.

3.

Je ne vois pas trop pourquoi ces dames auraient peur des grands singes.

C'est à Kotonou que débarquèrent nos jeunes religieuses. Ici encore elles donnèrent lieu à une petite scène comique : on avait commencé par descendre les animaux dans de grands paniers, attachés à une corde glissant sur une moufle. Ils étaient reçus en bas dans un bateau plat, qui les transportait ensuite à terre. Le même mode de transbordement était employé pour les voyageurs. Quand ce fut le tour des sœurs, l'une d'elles, une jolie petite Anglaise, qui ne parlait pas très bien le français, s'écria effrayée : « Alors, comme une *véche!...* » à la grande hilarité des passagers et au grand scandale de la supérieure.

Pauvres filles! je me demande à l'heure présente ce que sont devenus leurs petits minois frais et roses sous ce ciel meurtrier. La fièvre et l'anémie n'ont pas dû mettre longtemps à avoir raison de ces frêles créatures.

Leur disparition nous laissa une impression de tristesse.

FEMME PEULH.

CHAPITRE III

Libreville, les Gabonaises, mariages. — Une naine akka, une albinos.— Les jeunes filles de la Mission.— Dames blanches. — Une légende au Soudan.

La femme dont le portrait est joint ci-après est une Gabonaise que j'ai rencontrée à Libreville. Patronne d'un petit établissement, sorte de café, dans lequel nous sommes allés nous rafraîchir, elle nous avait frappés tout d'abord par sa tournure de belle cariatide et la beauté sculpturale de ses formes.

Pleine de dignité et véritablement majestueuse d'aspect, elle évoqua d'emblée dans mon esprit le souvenir de la grande reine de Saba, et je me la figurai debout, non pas près d'un comptoir, mais d'un trône, ou traînée sur un quadrige, escortée d'une garde d'esclaves noirs.

Malheureusement, c'était bien à côté d'un comptoir qu'elle se tenait, calme et hautaine; et même, pour nous ôter toute illusion, un de nos compagnons, Germain je crois, nous la dépeignit comme une ivrognesse *di primo cartello*, ayant en outre des mœurs et des habitudes peu recommandables.

A une question assez indiscrète que lui fit un de ces messieurs, à propos de certaines pratiques risquées, elle répondit d'un air presque indigné : « Ces sôzes-là! zamais!!... »

Son indignation ne m'a pas paru bon teint.

Après tout, c'était une belle fille. Et qui sait, en supposant qu'on animât tout à coup la Vénus de Milo, si nous ne nous trouverions pas en face d'une brute!

D'autre part, voyez donc la *touche* de nos *intellectuels*.

C'est en arrivant à Libreville, où nous fîmes une escale de plusieurs jours, que commencèrent mes observations les plus sérieuses sur l'élément féminin. Voici ce qu'à ce propos je dis dans mon volume *Vers le Nil français* : « Les Gabonais, race paresseuse et dégénérée, semblent n'avoir

GABONNAISE. — LA BELLE HOTESSE (LIBREVILLE).

4

emprunté au contact des blancs que les mauvais côtés des civilisations : fainéants et débauchés, ils vivent volontiers de la prostitution de leurs femmes; ces dernières, les plus coquettes des noires que j'ai rencontrées sur la côte, sont généralement bien faites et plutôt gracieuses : pittoresquement drapées de pagnes, de fabrication européenne, elles peuvent, au milieu des autres singes femelles, passer pour jolies ; mais entre nous, il faut avoir de singuliers appétits pour *épouser* ces créatures; ce qui n'empêche nombre d'Européens de contracter ce qu'on appelle là-bas des *mariages*, mariages qui consistent à prendre à terme des femmes du pays, avec ou sans le consentement des parents, lesquels, en général, me font l'effet d'abominables proxénètes. J'ai rencontré ici une autre catégorie de femmes qui m'a paru plus recommandable, sous le rapport du maintien et des allures, ce sont les jeunes filles élevées à la Mission. Il court bien par-ci, par-là, des bruits malveillants sur leur compte; mais on est si *potinier* aux colonies! Voici ce que m'a raconté un compagnon du capitaine Marchand, le capitaine Germain, de joyeuse mémoire : « Chaque fois qu'on veut lier conversation ou tenter de flirter avec les jeunes personnes en question, celles-ci ont une réponse toute faite et toute biblique, qu'elles vous débitent d'une haleine, les yeux baissés et les mains croisées pudiquement sur la poitrine : « Passez votre chemin ; je ne suis point « celle que vous cherchez ; je suis une honnête « fille ; je ne mange pas de ce froment.... » ; puis, après un silence, à voix basse, avec le même maintien modeste et les yeux de plus en plus baissés, on les entend murmurer : « à moins « que... vous ne donniez dix francs. »

Mgr Augouard, à qui je racontai le fait, me répondit : « Oh! c'est cher!... et puis, ajouta-t-il brusquement en riant, ça n'est pas vrai. »

Comme je n'ai rien entendu de mes oreilles, je laisse toute la responsabilité de l'histoire à Germain, qui est parfaitement capable de l'avoir forgée de toutes pièces.

J'en demande pardon à Monseigneur, qui certainement ne me vouera pas au feu éternel pour cette petite plaisanterie.

En fait de types rencontrés par moi à Libreville, je vous signalerai encore deux spécimens femelles qui méritent une mention spéciale : c'est d'abord une vieille femme akka ou akkoa,

JEUNES FILLES DE LA MISSION, A LIBREVILLE.

de la race des fameux nains dits de Stanley, appartenant à une tribu égarée dans les forêts environnantes. Elle et son mari vivaient à la Mission. Le R. P. Pringault a eu l'obligeance de me procurer leurs photographies; comme vous pourrez juger par cette image, ils ne sont pas séduisants et leur *facies* indique une intelligence plutôt limitée. Les quelques types que je trouvai depuis sur ma route devaient me confirmer dans l'idée que ces nains sont encore inférieurs aux autres nègres; ils me font en outre l'effet d'être rusés, vindicatifs et méchants.

J'ai également aperçu au milieu des négresses de l'endroit, parée d'une robe vert pomme et d'ornements extravagants, en similor, une *albinos*, absolument blanche de peau; c'était du reste répugnant à regarder, et cette femme me donna l'impression d'un lapin qu'on viendrait de dépouiller. En fait de portraits, je n'ai pu me procurer que celui de son frère, un chef du voisinage qui, m'a-t-on assuré, lui ressemblait parfaitement. Ces types de nègres blancs sont assez communs en Afrique. Ils naissent toujours de parents absolument noirs.

On rencontre à Libreville quelques dames

blanches avec leurs maris, qui le plus souvent appartiennent à l'Administration; ces dames, naturellement, n'ont rien de commun avec les femelles de l'endroit. L'une d'elles, dont j'ai déjà parlé dans mon premier volume, m'a frappé par sa grâce et l'élévation de son esprit, c'est Mme de Brazza. J'en ai conservé le plus respectueux et le plus charmant souvenir.

Une autre femme, digne de toutes les admirations, c'est la vénérable sœur Saint-Charles, qui, depuis trente-cinq ans vit dans le pays, qu'elle parcourt continuellement, à la recherche des infortunes à soulager, recueillant en même temps les petits noirs abandonnés ou malades. M. de Brazza m'a affirmé qu'elle faisait tous les jours 28 à 30 kilomètres à travers la brousse, par tous les temps, par toutes les saisons. Cette héroïne du bien a près de soixante-dix ans et continuera sans doute jusqu'à la mort sa mission d'abnégation et de charité.

Il y a tout de même de bien grandes femmes.

Je dois dire qu'en général les sœurs de Charité, que j'ai rencontrées ici, m'apparaissent très supérieures aux pères des Missions, surtout au point de vue du dévouement et de l'humilité chrétienne.

NAINE AKKA, DE LA MISSION.

Je trouve les religieux bien plus égoïstes et plus préoccupés de leur bien-être que les pauvres sœurs, qu'ils tiennent le plus souvent en dure dépendance.

Parmi les dames qui ont eu le courage d'affronter les dangers du continent africain, j'en citerai encore deux, qui sont allées très avant dans l'intérieur; ce sont Mmes d'Encausse et Guynet, qui ont accompagné leurs maris en cours d'exploration au Soudan.

M. Guynet m'a raconté lui-même l'effet étrange et l'émotion produite dans le pays par l'arrivée d'une blanche. La curiosité de l'élément féminin se trouva excitée au plus haut degré : le costume, semi-masculin et approprié aux nécessités d'un voyage dans la brousse, fit d'abord naître des doutes sur l'authenticité de son sexe, et il y eut parmi les noires un véritable travail de conspiration pour arriver à l'obliger à se baigner en compagnie des femmes du pays. Quant au chef, il voulut à tout prix mettre son harem à la disposition de M. Guynet, au vu et au su de Madame. Quelle diable d'idée ou de but pouvait bien avoir ce moricaud?

Vous saurez qu'il circule, à propos des femmes

blanches, quantité de légendes au Soudan, entre autres celle que m'a racontée Marchand; la voici pour ceux qui ne l'ont pas lue dans *Vers le Nil*:

« Il paraîtrait que trois espèces d'êtres peuplent l'univers : 1° les noirs, qui ont la terre; 2° les blancs, qui habitent la mer; 3° les diables, qui vivent dans un grand trou. Tous les ans, à une époque fixe, les blancs se rendent au bord de ce trou, et là le trafic suivant a lieu entre eux et les démons : ces derniers apportent toutes les choses extraordinaires qui étonnent les Africains et, quand le compte des objets est reconnu exact, les blancs emportent le stock et, en échange, font un cadeau. Quel est ce cadeau? voilà le mystère. »

Le capitaine Marchand, à force de persévérance et de persuasion, aurait fini par faire avouer à un de ses domestiques noirs le grand secret : « ce que nous livrons en échange des trésors que nous apportent les démons, c'est (je vous le donne en mille)... nos femmes!!!

« Et voilà pourquoi on n'a jamais vu aucune femme blanche dans l'Afrique centrale. »

Si ces bons nègres ont en quoi que ce soit le sens de la galanterie, et je crois qu'ils l'ont, ils

LA VÉNÉRABLE SŒUR SAINT-CHARLES, A LIBREVILLE.

doivent nous considérer avec raison comme de fiers saligauds; mais ils se gardent bien de manifester cette opinion devant nous, car ils nous savent plus forts qu'eux, et la force prime tout particulièrement le droit en Afrique.

UNE HORIZONTALE CONNUE ET COTÉE A LIBREVILLE.

PAHOUINE AU MARCHÉ DE LIBREVILLE.

PAHOUINES AU MARCHÉ DE LIBREVILLE.

CHAPITRE IV

A Loango. — Les nymphes de la source des diamants. La fête des Calebasses.

A Loango, les dames au visage pâle deviennent plus rares; je n'en ai rencontré que deux spécimens, charmants il est vrai : l'un est la belle Mme Fourneau, la femme de l'administrateur, et l'autre Mme Roques, la femme de l'aimable et obligeant docteur qui m'a fourni des documents précieux.

Mme Fourneau, qui est la grâce en personne, est, m'a-t-on assuré, d'origine britannique. J'ignorais cette circonstance et j'ai commis vis-à-vis d'elle une *gaffe*, que, j'espère, elle voudra bien me pardonner; car j'affirme ici que cette dame est bien le démenti le plus formel à tout ce que j'ai avancé dans mon livre à propos des Anglaises que j'avais aperçues à bord de l'*Albertville*.

Revenons aux Africaines. J'emprunte encore les lignes suivantes à mon premier récit, en le complétant d'autres souvenirs recueillis à Loango.

Durant une excursion que nous fîmes, le lieutenant Simon et moi, avec M. Vergnes, négociant de l'endroit, à la merveilleuse *rivière* dite *des diamants*, nous rencontrâmes une source, qui sort des rochers et forme une grande vasque, abritée sous un immense bosquet de verdure; dans ce lieu, plein de fraîcheur et de mystère, où l'eau s'écoule avec un doux murmure, se baignait et s'ébattait tout un essaim de jeunes filles.

Notre apparition subite ne troubla et n'effaroucha en aucune façon ces enfants de la nature, qui jouaient en poussant des petits cris d'oiseaux. Elles nous procurèrent durant un instant un spectacle des plus gracieux : plusieurs me semblèrent presque jolies, surtout de corps. Ces filles, coquettes naturellement, adoptent en fait de toilette des usages et des modes qui les enlaidissent à plaisir : ainsi d'aucunes, les vierges, je crois, ou plutôt celles qui ont des prétentions à cet état, se barbouillent avec de la couleur rouge, non seulement le visage, mais tout le corps

FEMMES LOANGOS.

jusqu'à la ceinture; la plupart ont, tatoués en relief, des ornements sur la poitrine et dans le dos. Elles ont également la fâcheuse habitude de s'attacher, en travers de la partie supérieure des seins, soit un lacet, soit leur pagne; elles arrivent ainsi à déformer rapidement une partie du corps qu'elles ont souvent très belle.

Tout calculé néanmoins, je ne saurais trop le redire, les femmes de couleur ne pourraient guère supporter la comparaison avec les blanches.

Chez la négresse, les charmes se flétrissent vite; la vie en plein air, le manque de soins, les durs travaux en sont la cause principale.

Les vieilles sont absolument hideuses et, en ce genre, elles défient toute description. Les pauvres créatures n'ont qu'une seule chose pour se consoler : c'est l'affection de leurs enfants qui gardent toujours, paraît-il, pour la mère, une tendresse sans égale, ce qui prouverait dans une grande mesure que le nègre est beaucoup moins mauvais qu'on ne dit.

C'est à Loango que j'ai eu pour la première fois le curieux spectacle d'un *tam-tam*, espèce de fête nocturne qui consiste à danser autour d'un feu, en battant du tambour et en poussant des hurlements cadencés, avec force contorsions des hanches et du bassin. Il est à remarquer, en passant, que la danse, dans tout le continent africain, semble surtout destinée à surexciter les passions amoureuses, dans ce qu'elles ont de plus charnel et de plus animal : les femmes, aussi bien les Mauresques que les négresses, font assaut de mouvements lascifs. Ces exercices, qui durent jusqu'à une heure avancée de la nuit, semblent amuser énormément les noirs, qui me paraissent, avec une innocence d'enfant, se soucier fort peu de la décence et de la correction du maintien. Ça n'est pas en Afrique qu'il faut venir chercher des leçons de pudeur; du reste, ces gens-là semblent peu faits pour porter des vêtements. Rien n'est comique comme des nègres en toilette, hommes ou femmes.

Il m'a été donné également d'assister à une fête annuelle, dite des *calebasses*.

Les calebasses sont des jeunes filles arrivées à l'âge de puberté et qui, en fait de fiançailles, se débarrassent, ce jour-là, en grande pompe et sans aucune façon, de leur virginité.

Voici comme il est procédé à cette étrange cérémonie :

NYMPHES DE LA SOURCE DES DIAMANTS, A LOANGO.

6.

Une semaine avant la solennité, on les enferme dans une case, où elles font une sorte de retraite et sont soumises à des préparations intimes. Le grand jour arrivé, on les débarrasse du rouge dont elles sont enduites de la tête à la ceinture, et on les orne de leurs plus beaux bijoux. Ainsi parées, elles sont hissées sur une sorte de pavois et promenées en grande pompe de factorerie en factorerie, escortées de leurs compagnes plus jeunes et plus âgées, qui les suivent en poussant des cris, en battant du tambour et jouant de la flûte. Toute la bande, brandissant des ombrelles ou des parapluies écarlates, abreuvée à chaque station, finit par être complètement ivre. Cela dure jusqu'à ce que l'héroïne de la fête ait trouvé un amateur blanc qui veuille bien la prendre comme épouse, pour une nuit.

Le lendemain, dès l'aube, la famille se présente pour réclamer le *matabiche*, c'est-à-dire le cadeau, proportionné à la générosité de l'épouseur : ça ne dépasse généralement pas la somme de trois francs cinquante à cent sous, en étoffes ou marchandises.

Comme vous pouvez juger, ces sortes de faveurs sont bien moins ruineuses que celles de nos étoiles d'Opéra, avec cet avantage, inestimable pour l'amateur de fruits verts, qu'il s'agit ici le plus souvent de véritables vierges. Cette dernière qualité me paraît assez peu prisée des noirs et ne semble pas auprès d'eux être une recommandation, au contraire.

Je ne suis pas bégueule, et je ne voudrais pas faire le moraliste; mais, franchement, ce qui me surprend dans cette fête des calebasses, en pleine station civilisée et sur un point en contact perpétuel avec la France et l'Europe, c'est de voir se perpétuer cyniquement et effrontément cette apothéose de la prostitution.

Nous voyons les administrateurs, magistrats et notables négociants de l'endroit, s'accorder à trouver la chose toute simple et encourager cette bacchanale aussi stupide que grossière.

Il est vrai, pourrait-on me répondre avec une certaine raison, que cette façon d'offrir sa virginité en holocauste n'est peut être pas plus extraordinaire que l'exhibition et le trimballage de nos mariées vêtues de blanc et couronnées de lis, qu'on accompagne, après bombance, jusqu'au bord de la couche nuptiale.

Les cérémonies qui précèdent le sacrifice en

FÊTE DES CALEBASSES.

question sont-elles moins ridicules à Paris qu'à Loango, et la douce brebis sacrifiée, passant triomphante et effrontée sous les yeux d'une foule goguenarde et peu révérencieuse, est-elle plus intéressante que la pauvre Calebasse?

Au fond, ça se ressemble terriblement.

Ce qu'il y a de charmant en amour; c'est, à mon avis, le mystère.

NIARI, FEMMES BACOUGNIES

CHAPITRE V

Femmes bacougnies, bacongos, batékès. — Mme Tali et sa famille. — Générosité des chefs. — Zélingoma, les Bacotas, je deviens juge de paix. — Les jugements.

Durant la première partie de l'expédition que je fis sur le Niari, en compagnie de mon excellent ami, le capitaine Baratier, nous ne rencontrâmes que peu de femmes, lesquelles étaient absolument sauvages : quelques-unes même allaient entièrement nues. Peu séduisantes et peu encourageantes, ces naturelles ne m'ont laissé dans l'esprit qu'un souvenir plutôt maussade. Toutes ces Bacougnies, Bacongos, Batékès, Mayombas sont très inférieures aux filles loangos. Il est vrai de dire que leur vie dans la brousse et la forêt est peu faite pour développer ou conserver les charmes qu'elles pourraient avoir reçus de la nature. Les femmes de toutes races, à l'instar des fleurs, ont besoin de soins et de culture; elles ne sont pas faites pour les travaux rudes. La nature, en les créant plus délicates que l'homme, semble leur avoir assigné un rôle moins dur. Elles ont assez des souffrances et inconvénients de la maternité, sans y ajouter celles du labeur forcé. Malheureusement, chez les barbares et les primitifs, leur état de faiblesse consacre leur infériorité et en fait des esclaves dont on abuse le plus souvent.

Donc, sur notre nouvelle route, peu ou point de femmes : de pauvres brutes à l'air farouche, faisant les corvées, portant les fardeaux en même temps que leurs enfants; elles sont moins maltraitées pourtant que les femmes arabes, que leurs maîtres rouent de coups. Le noir n'est pas foncièrement méchant, et j'ai même cru remarquer dans certaines contrées que la femme n'était pas du tout malheureuse. Il est vrai d'ajouter que dans ces contrées-là elle était beaucoup plus agréable de forme, mais aussi plus facile de mœurs.

Est-ce que par hasard la vertu serait toujours

NIARI, FEMMES BACOUGNIES.

un peu le résultat d'une contrainte?... J'aime mieux croire le contraire.

Les souffrances sur le Niari ne furent donc compensées, en dehors de ses splendides paysages par aucun autre charme des yeux. La seule créature à peu près *potable* que nous ayions rencontrée fut la femme du vieux chef Tali, au village de M'Tigny, sur la rivière du même nom : elle n'était vraiment pas mal tournée, surtout si on la compare à son gorille d'époux, lequel donnait assez l'idée d'un vieux chiffonnier, affublé qu'il était de guenilles européennes. Le vieux coquin, tout perclus et tout rhumatisant, s'offrait une compagne n'ayant pas plus de quatorze à quinze printemps, non compris ses autres épouses ; tout comme Abraham et les vénérables patriarches de la Bible.

Il ne manqua pas du reste de nous réclamer le fameux élixir demandé par tous les chefs nègres, élixir qui rend la voix aux aphones et leur permet d'être encore présentables à leurs compagnes. Comme me disait le docteur F... : « Ils en crèvent le plus souvent, mais quelle belle mort ! »

Après le gentil minois de Mme Tali, nos regards

furent sevrés pour longtemps de visages aimables. Pour mon compte personnel, je ne devais plus en revoir avant *Zélingoma*; je mets de côté, bien entendu, les affreuses guenons, frottées d'huile de palme, dont je fis la rencontre en traversant la forêt, pour arriver à ce poste. Ça dépasse tout ce qu'on peut rêver en fait de repoussoir; et en pareil cas le vœu de chasteté apparaît comme une ressource ineffable.

Ce qu'il y a de peu récréatif, c'est la facilité avec laquelle ces aimables personnes vous sont offertes par leurs seigneurs et maîtres. On est obligé d'opposer les résistances les plus acharnées pour se débarrasser des solliciteurs qui les pousseraient volontiers jusque dans vos bras. On en a le frisson rien qu'au souvenir. C'est le cas de s'écrier avec le poète : « O amour, que de formes tu revêts pour nous attirer dans tes pièges.... »

Zélingoma! souvenir à la fois triste et gai, plutôt triste : la fièvre, la chasse, les émotions de toutes sortes; une vie étrange et nouvelle, mêlée d'aventures burlesques et sinistres.

Ici j'ai réellement commencé à vivre avec les

FAMILLE TALI.

barbares : j'ai rencontré les fameux Bacotas, peuplade entièrement sauvage, qui habite sous bois à deux jours de distance, sur la rive gauche du Niari, non loin d'une tribu de nains, les *Bacongos*. Ces Bacotas ne sont pas anthropophages, dit-on, mais je ne m'y fierais pas, car je les ai vus absorber les aliments les plus révoltants. J'ai assisté à leur *apprivoisement*, qui n'a pas du reste été très difficile : ces sauvages sont pleins de curiosité et possédés du désir d'acquérir tout ce qu'ils voient, ne demandant par conséquent qu'à faire des affaires. Ils nous apportèrent bientôt des bananes, des ananas, des noix de coco et du vin de palme; en outre, ils consentirent à nous approvisionner de cabris, de cochons et de poules. M. Borme, le directeur de la station, établit pour eux un marché à Zélingoma. Ces indigènes venus d'abord seuls, non sans une certaine défiance, finirent par amener leurs femmes et leurs filles, flairant des bénéfices de toute sorte dans le village sénégalais établi près du poste.

Il y eut bien par-ci par-là quelques nuages au milieu de ces bonnes relations; des rixes et des querelles survenues à la suite de transactions, où la bonne foi recevait souvent plus d'une entorse, m'amenèrent à jouer un rôle tout nouveau pour moi : celui de pacificateur et de juge, chargé d'accorder les parties. Ça n'était pas toujours commode, et j'ai pu me rendre compte que ce mandat de juge était on ne peut plus délicat.

Je puis dire que j'ai vu passer devant mon *tribunal* les causes les plus variées et les plus cocasses; que j'ai plus d'une fois *sué en mon lit de justice*, comme dit le bon La Fontaine, que plus d'une fois aussi il m'est arrivé de condamner les deux parties afin de ne pas laisser échapper le coupable; bref, j'ai pu trouver en moi toute l'étoffe d'un magistrat d'Europe, et j'ai compris combien il était dangereux d'accorder à une corporation d'individus des immunités et des privilèges dont elle abusera toujours.

J'ai retenu quelques-unes de ces fameuses causes dans mon premier livre; permettez-moi de vous les mettre sous les yeux.

Un meurtre avait été commis dans un village. Je vis, le lendemain de l'événement, arriver une troupe au milieu de laquelle marchait un noir, ficelé comme un saucisson (j'entends le haut du corps); l'homme avait une figure patibulaire; c'était le coupable : il avait tué sa femme, et

UNE DAME BACOTA.

la famille venait demander justice aux blancs.

Je passe les détails pour arriver de suite aux conclusions. Disons entre parenthèses que je n'avais pas encore vu de bande plus sauvage d'allures, à l'air plus farouche et plus indompté. Les femmes étaient entièrement nues, et les hommes, armés de lances et de couteaux, portaient des pagnes grands comme des demi-mouchoirs de poche.

« Combien, demandai-je au père de la victime, vaut une femme dans ton village? »

— Cent *cortades.* (La cortade est une pièce de calicot qui mesure un peu moins d'un mètre.)

— Eh bien, le meurtrier paiera trois cents cortades à la famille; et s'il n'est pas solvable, lui et tout ce qu'il possède deviendront la propriété de ladite famille. »

L'assassin était heureusement pour lui en mesure de payer l'amende. Toute la bande s'en alla satisfaite après avoir laissé deux moutons en cadeau. Comme vous pouvez le voir, la *Justice* ne perd pas plus là-bas ses droits que chez nous.

Le 22 août, vers la fin du jour, je vis arriver, seule, portant des poulets en bandoulière, une grande femme, plutôt jeune, tenant en main un bâton long comme une lance; elle était vêtue décemment d'un pagne en indienne à carreaux rouges, qui lui couvrait même les reins, portant de gros anneaux de cuivre aux pieds. Droite et d'allure simple et fière, elle s'arrêta, immobile comme un soldat, en face de nos cases, me regardant fixement comme pour attendre une interrogation.

Que voulait cette femme? J'étais intrigué.

Borme, que j'avais fait appeler l'interrogea. C'était la cheffesse d'un village des alentours, une veuve, qui venait demander justice aux blancs, à propos d'actes de pillage et de violence dont elle avait été victime de la part d'un chef voisin. On lui promit de faire venir ce chef, et elle se retira. laissant ses poules en offrande.

Mais ici l'affaire se complique.

Deux jeunes noirs ayant été envoyés par nous au chef accusé, pour le prier de se rendre au poste, celui-ci, sous prétexte qu'on le dérangeait dans sa sieste ou plutôt dans la cuvée de son vin de palme, leur avait, sans autre forme de procès, administré une maîtresse volée. Les jeunes gens revinrent furieux, naturellement. Cette fois, on expédia deux Sénégalais (ceux-ci remplissent ici le

UN PROCÈS A ZÉLINGOMA.

rôle de gendarmes) qui sommèrent le chef d'avoir à comparaître immédiatement, sous peine d'être enlevé de vive force.

Hier, toute la troupe, composée d'une vingtaine d'individus, hommes, femmes et enfants, se présenta pour le palabre.

On rangea tous ces gens devant les cases, et l'exposé des faits commença, long et compliqué. Un noir, parlant assez bien le français, servait d'interprète.

J'étais président, et MM. Borme et de Ronde, le nouveau chef de poste, étaient mes assesseurs. Un fusil, des vases en terre, des petits coffrets et divers menus objets, pris chez la veuve, étaient étalés sur le sol.

Une cause fut écartée immédiatement, celle qui avait trait à l'acte de violence exercée sur nos gens.

La seconde, assez compliquée, fut jugée d'abord. Voici ce qui s'était passé : une femme du village, appartenant au chef, avait été prise pour épouse par l'oncle de la cheffesse plaignante. Cette femme, après plusieurs années de cohabitation avec son mari, avait brusquement quitté celui-ci pour retourner à d'anciennes amours dans son pays. Le mari abandonné, furieux, avait été trouver l'infidèle et lui avait tiré à bout portant un coup de fusil, qui avait tué un enfant qu'elle portait à la mamelle.

Le meurtrier, après le coup, avait pris la fuite et était disparu dans la brousse. Le chef du village où s'était passé le meurtre avait sans façon profité de ce crime pour se faire administrer à lui-même et à la femme une indemnité formidable; et, en l'absence du vrai coupable, avait rendu la nièce de celui-ci, la cheffesse, responsable. Un jugement suspect, prononcé par un autre chef voisin, avait condamné celle-ci à lui livrer quatre captifs. La pauvre femme, ne pouvant fournir que trois esclaves, dut pour le reste donner cent cortades, plus plusieurs mesures de sel, sans arriver à contenter le chef avide, qui vint piller chez elle, sous prétexte de compléter le tribut.

C'était à nous autres blancs que, ruinée, la malheureuse femme venait en appeler de ce jugement inique.

Après avoir entendu soigneusement les nombreux témoins, je condamnai le chef à rendre les trois esclaves, plus les cortades et le sel, plus les objets pillés. Quant à la femme qui avait

ARRIVÉE DE LA CHEFFESSE.

quitté son mari et sur l'enfant de laquelle celui-ci avait commis l'attentat, elle fut déclarée libre de vivre à sa guise, à condition toutefois de rendre à la famille de son ancien mari un cochon et trente cortades, prix que les parents du mari l'avaient payée elle-même.

Il fut même stipulé que, comme la première fois, l'animal serait mangé en commun.

Restait le fait d'avoir fustigé nos deux envoyés; c'était grave. Voici comment, en conscience, je crus devoir punir le coupable : les jeunes noirs, qui étaient dans une colère bleue et qu'on avait toutes les peines du monde à contenir, eurent le droit, séance tenante, d'administrer dix coups de *chicotte* chacun sur le postérieur du chef.

La sentence s'exécuta devant nous; mais, aux premiers coups, voyant jaillir le sang, j'arrêtai le supplice. La chicotte est une baguette en cuir d'hippopotame dont chaque coup entame la peau. En somme, la peine réduite de moitié par moi n'était pas la mort d'un homme; et le gredin ne l'avait pas volé. L'entrain avec lequel les deux moricauds s'acquittèrent de leur besogne jeta une note gaie au milieu de cette scène sérieuse; l'un d'eux, dans son ardeur, dépassa même le compte d'un coup ou deux. On fut forcé de l'arrêter.

La séance terminée, le chef prit ses *cliques* et ses *claques* et disparut sans demander son reste, suivi par sa troupe, qui avait pour ce beau résultat fourni un cabri en paiement des frais de justice.

Ce supplice de la chicotte devient véritablement cruel quand il est poussé trop loin : on a vu maintes fois des hommes mourir sous les coups. A Zélingoma, c'était un nègre gigantesque qui remplissait le rôle de bourreau; au fond, ce grand diable noir n'était pas méchant; le plus souvent il avait l'air de taper très fort et ne faisait, en réalité, aucun mal au patient, lequel néanmoins se croyait toujours obligé de pousser des cris de paon. M. Borme, qui est un brave homme, fermait les yeux à propos de cette mansuétude de l'exécuteur des hautes œuvres.

Un soir, à la suite d'une petite émeute entre les boys et les cuisiniers, ils furent condamnés, grands et petits, à recevoir quelques coups de chicotte : ils y passèrent tous, sans trop se plaindre; restait un petit malheureux de sept à huit ans, qui attendait son tour en tremblant. L'her-

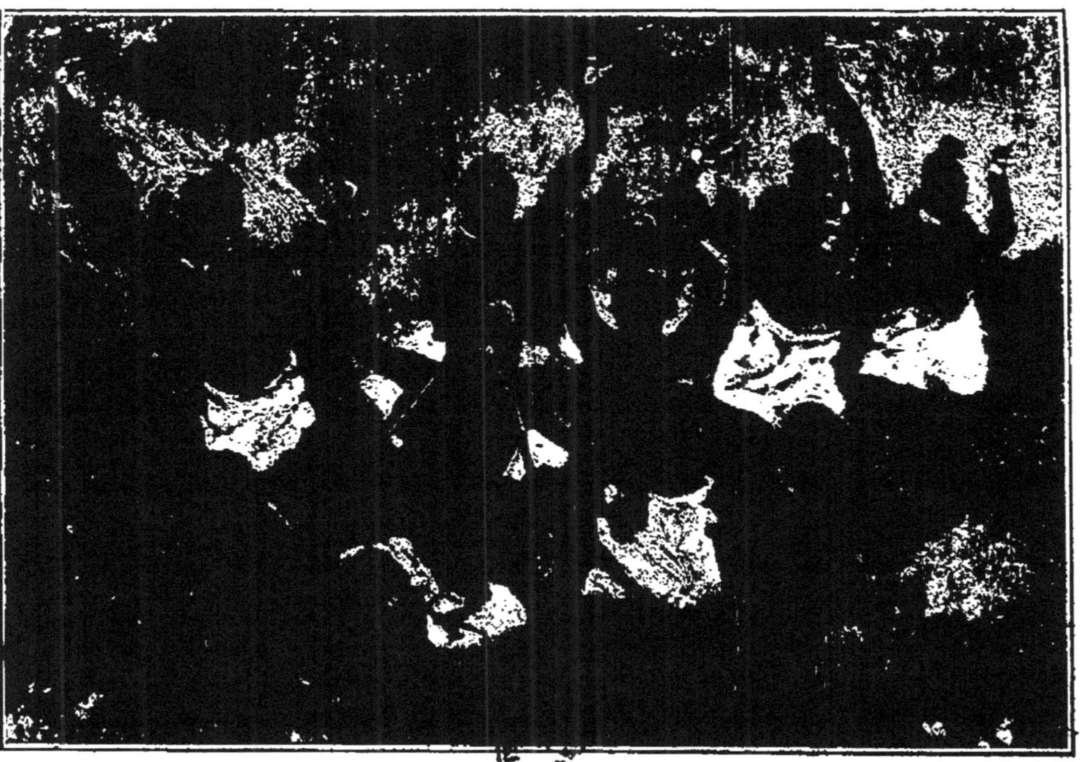

IL Y AVAIT EU TAM-TAM JUSQU'A DEUX HEURES DU MATIN.

cule noir l'amena vers nous et le montrant de la main : « Non, dit-il, y a trop petit pour moi, moi y a pas cœur à taper là-dessus. »

Bien entendu, on laissa aller le gamin, qui était bien la plus sale petite vermine que l'on pût trouver et qui prit la fuite en riant et gambadant.

Chez nous, les femmes ne sont jamais frappées, il n'en est pas de même dans l'État belge.

Je fus encore pris pour arbitre dans une autre affaire, assez peu ragoûtante, cette fois; jugez plutôt :

Des Bacotas, accompagnés de leur chef et de son fils, étaient venus à la station avec une douzaine de femmes. Ils avaient passé la nuit dans un petit village formé par les cabanes des porteurs sénégalais et autres nègres. Il y avait eu tam-tam, naturellement, c'est-à-dire danse et musique, jusqu'à près de deux heures du matin. Ces Bacotas, complètement sauvages et plus guerriers que les Bacougnies qu'ils tiennent en dépendance par la terreur, n'ont aucune espèce de préjugés au point de vue de la décence et des mœurs; très âpres au gain, au besoin ils trafiquent même de leurs femmes.

Or, ce matin, au moment de quitter le camp, le

chef nous amena une vieille sorcière, qui n'était autre que sa mère ; elle était accompagnée d'un jeune Sénégalais qu'elle accablait d'injures et auquel elle montrait le poing avec fureur : il s'agissait d'une réclamation de paiement de la part de la vieille guenon au jeune homme ; quant à la marchandise livrée par elle, il m'est difficile de la qualifier ; je laisse à la sagacité du lecteur le soin de deviner. Le Sénégalais, qui ne voulait donner que la moitié du prix convenu, prétendait avoir été trompé sur la qualité de ladite marchandise, qu'il n'avait pu examiner dans l'obscurité ; ce n'est qu'au lever de l'aurore qu'il aurait reconnu l'indigne tromperie : « Y a trop vilain ! hurlait le jeune guerrier, moi pas vouloir payer plus. » Durant ce temps, le chef, plein de dignité, demeurait immobile et sévère, appuyé sur son bâton de commandement, richement orné de clous en cuivre.

Je crus dans cette étrange affaire devoir me récuser comme juge et renvoyai les parties, sans rien vouloir examiner à fond.

C'est en remplissant ces graves fonctions que je parvins à tuer le temps, qui s'écoulait bien tristement à Zélingoma. Il est vrai que j'ai eu d'autres distractions : ainsi la fièvre et les insectes dévorants, tels que puces, moustiques, fouroux et autres vermines, ne m'ont pas laissé une minute de relâche, sans compter les crapauds, serpents, araignées et mille bêtes immondes qui me tourmentaient nuit et jour. Quelle délicieuse contrée!

Il y a bien la chasse aux bêtes sauvages, qui grouillent dans les forêts environnantes; mais dans ces expéditions c'est généralement la fièvre qu'on rapporte en fait de gibier.

Quant à l'élément féminin, il est par trop répugnant; ça fait peine à regarder. S'il doit en être ainsi tout le long du parcours, il y a des chances pour que mon livre projeté des « Femmes au Congo » soit peu intéressant.

Heureusement M. Borme me rassure et m'affirme que Brazzaville me réserve des surprises.

CHAPITRE VI

Les femmes-chefs. — Dalila. — On arrive pas à Brazzaville sans s'faire de bile.... — La galanterie, les unions. — Mme Louettières, scène de jalousie. — Sensible mais oublieuse.

Vous avez pu voir que j'ai parlé plusieurs fois de femmes-chefs dans mon récit ; à ce propos, je n'ai jamais pu me rendre compte exactement de l'étendue de leur pouvoir, ni savoir si, à l'instar de la plupart des grandes souveraines de l'Europe, elles profitaient ou abusaient de leur situation, pour s'offrir toutes les satisfactions charnelles à leur portée. Dans tous les cas, elles passent en général pour être moins féroces que les hommes : c'est déjà quelque chose.

Quand je repris ma navigation sur le Niari, en compagnie du beau-frère de M. Fondère, M. Borne, il y eut encore une intermittence dans nos relations avec le beau sexe. Les spécimens rencontrés par-ci par-là laissaient beaucoup à désirer au point de vue séduction. Je dois même ajouter que jusqu'à Brazzaville, à part l'aventure de la caverne de Macabandilou, aventure dans laquelle une nouvelle *Dalila* vendit à M. *Jacot* le secret de la retraite de son époux Mabiéla, les femmes ne jouèrent aucun rôle dans notre odyssée. Si, pourtant, durant la petite guerre qui eut lieu entre les tribus révoltées et la colonne Marchand, elles servirent souvent d'otages, pour obliger les noirs à capituler ou à livrer leurs chefs. A cet effet, on enlevait les femmes de vive force dans les villages et on ne les rendait que sous condition, un peu chiffonnées par les Sénégalais, il est vrai, mais en somme pas maltraitées.

Il y en eut bien quelques-unes d'enfumées dans la caverne de Macabandilou, mais ce fut un accident, comme il en arrive souvent dans les guerres d'Afrique.

J'insiste sur le rôle de l'aimable créature qui fut la cause première du massacre des siens. L'histoire de l'humanité est toujours pareille, dans tous les temps, sous toutes les latitudes,

NOUVELLE DALILA ET UNE AMIE

à tous les degrés de civilisation. Dans combien d'affaires criminelles ne voyons-nous pas des femmes complices livrant leur amant au bourreau? En général, il faut avouer qu'elles n'ont l'héroïsme du sacrifice que pour leurs enfants; elles ne pardonnent la défaite, ni à leurs maris, ni à leurs amants, et n'ont admiration que pour la réussite ou la victoire; c'est bien dans leur bouche qu'on trouve toujours le *Væ victis*.

On arrive pas sans s'faire de bile
A Brazzaville!

dit la chanson. En revanche, dans ce trou à fièvre, où règne généralement la famine, et où la *Camarde* semble avoir établi un de ses quartiers généraux, la galanterie bat son plein. Il faut bien passer le temps. MM. les administrateurs, délégués, chefs de poste, trésoriers, etc. (je ne parle pas des colons, puisqu'il n'y en a pas) s'en donnent, je ne dirai pas à cœur joie, mais autant qu'ils peuvent.

Car que faire en un poste à moins que l'on ne flirte?

Les petites dames loangos, Mlles Souris, Moulin-à-Café..., et autres ouistitis promènent leurs jolis museaux noirs et leur petite laine frisée, à la tombée de la nuit, dans les allées de manguiers et les chemins défoncés et broussailleux de la localité. De temps à autre, des petits scandales défrayent les conversations des *coloniaux* : des femmes, dites de blancs, se font pincer, *flagrante delicto*, avec les boys (exactement comme dans le *monde* certaines grandes dames avec leurs valets); bref toute une petite contrefaçon de nos mœurs aristocratiques et boulevardières; il n'y manque que la police des mœurs.

Les Sénégalais, brochant sur le tout, donnent le *la* dans ces petites saturnales. Il est vrai de dire qu'ils sont remarquablement doués comme chefs d'orchestre.

Mais n'allons pas si vite et ne promettons pas *plus de beurre que de pain*; il y a un revers à cette jolie médaille.

Ce n'est pas tout à fait sans danger qu'on prend part à ces festins du cœur.

> Et la garde qui veille..., etc.
> N'en défend pas nos administrateurs et officiers.

Demandez plutôt à X....

M. ET Mme X... (MARIAGE).

Mais soyons convenable et n'oublions pas que nous sommes historien.

La population féminine est composée d'éléments très variés; cela tient à ce que Brazzaville est le point de halte et pour ainsi dire le *caravansérail* de toutes les expéditions dans l'intérieur, soit qu'elles montent, soit qu'elles redescendent. J'y ai vu des échantillons de toutes les races de femmes exotiques, des violettes, des rouges, des jaunes, des noires, en un mot tous les degrés de la gamme foncée.

Je ne veux pas vous faire le récit des mariages, unions passagères et petits esclandres auxquels j'ai assisté, ça serait trop compliqué. Sachez seulement qu'en général ces dames, je parle de celles qui sont *attitrées*, sont traitées, quelques-unes avec politesse, d'autres avec familiarité, d'autres enfin un peu comme des domestiques; néanmoins on a plutôt des égards pour elles et on ne les brutalise jamais; quelques gifles de temps à autre, rarement des raclées. Le fameux chasseur d'éléphants, Louettières, était peut-être le seul qui dépassât les limites dans les *palabres* avec son épouse. La belle Mme Louettières, une puissante carialide, lui donnait peut-être quelque motif d'être jaloux, mais le plus souvent cette jalousie, comme il arrive en général, s'exerçait à côté.

Il me souvient d'une scène que m'a racontée M. Durant, mon aimable propriétaire à Brazzaville, scène qui se passa près de mon *schimbeck* (habitation). Une nuit, vers les deux heures du matin, on heurta violemment à la porte de sa case. M. Durant, ayant ouvert, se trouva face à face avec Louettières un peu ivre et le revolver au poing : « Ma femme est ici », hurla ce dernier, menaçant. M. Durant, voyant l'exaltation du chasseur, le fit entrer poliment et, lui ayant fait visiter les deux pièces qui composaient son logement, l'accompagna jusqu'à la sortie et, avant de le quitter, lui dit : « M. Louettières, voilà qui est bon pour aujourd'hui, mais si la même scène se renouvelait une autre fois, vous ne trouverez pas mauvais que je vous reçoive avec ma carabine. »

Où était passée Mme Louettières cette nuit-là ?

Je ne saurais vous le dire. Ce qu'il y a de certain, c'est qu'à la suite de cette escapade elle reçut une raclée homérique et prit la fuite ; elle retourna à *Bongha*, son village, situé à l'embouchure de la Sangha, tout près du poste de Lirangua; ce village est habité par des cannibales.

SŒUR DE Mme LOUETTIÈRES ET UNE AMIE BAPFOUROUX.

10.

Je devais la rencontrer plus tard dans des circonstances extrêmement tragiques.

J'avais fait de cette belle anthropophage un dessin qui a été égaré ou plutôt que je la soupçonne d'avoir pris dans mon carton ; je ne puis en revanche que vous fournir le portrait de sa sœur, en compagnie d'une amie assez peu séduisante, une Bapfouroux. Cette sœur, comme vous pouvez juger d'après l'image, n'avait ni sa stature, ni sa beauté, beauté à la vérité un peu barbare. Je profiterai de la circonstance pour vous présenter une autre de ses camarades, celle-là, femme de Sénégalais, Sénégalaise elle-même, la créature la plus *sans gêne* (c'était son nom) qu'on puisse imaginer. Mon ami d'Encausse de Ganties, le trésorier, en a fait une photographie qui donne assez une idée des allures de cette personne qui n'aimait pas à être embarrassée par le costume et qui se souciait fort peu du *qu'en dira-t-on*. Remarquez qu'elle était plutôt fidèle à son tirailleur, mais en réalité peu bégueule.

Une observation en passant.

On pourrait peut-être croire que les femmes de couleur sont, dans le choix de leurs affections, peu sensibles à ce que nous appelons la beauté ou la forme; c'est une erreur complète, et j'ai remarqué qu'elles s'occupaient beaucoup plus volontiers des jeunes gens beaux ou bien faits que des vieux, laids ou mal bâtis. Par hasard, elles aiment les grandes barbes et j'en ai vu tomber en extase devant des têtes de sapeurs. Je vous conterai même plus tard à ce sujet une scène amusante vue à mon retour.

En attendant, en fait d'histoires sentimentales, veuillez écouter le récit d'un petit fait bien simple qui m'a véritablement ému.

C'était pendant ma période de querelle avec Marchand, lequel refusait obstinément de me laisser partir sans lui vers le haut fleuve, sous le fallacieux prétexte que je serais indubitablement dévoré par les Bondjos; en réalité, surtout parce qu'il est très autoritaire et me voulait entièrement sous sa coupe; ceci dit sans amertume ni rancune.

J'assistais donc le cœur gros au départ du petit vapeur l'*Antoinette*, qui emportait à son bord trente-quatre tirailleurs, le lieutenant Largeot, deux sergents noirs et un blanc, M. Dat, à destination de Banghi.

J'avais vu filer l'*Antoinette* déroulant son long

Mlle SANS-GÊNE, VÊTUE DU CALEÇON IMPOSÉ PAR LA CENSURE (DE BRAZZAVILLE).

panache de fumée derrière elle, me laissant plein d'amers regrets : j'avais tant compté partir avec elle! mais ces regrets n'étaient rien à côté de la douleur d'une jeune négresse, pleurant en silence, les yeux obstinément attachés sur le bateau qui emportait un beau Sénégalais, son ami, le tirailleur Mamahdou. Pauvre fille! nous la vîmes revenir lentement, le désespoir imprimé sur le visage; j'avoue que cette douleur muette me toucha au point de me faire détourner la tête.

Je devrais pourtant être cuirassé depuis que je suis en Afrique, car j'ai déjà assisté à des choses bien émouvantes. Je crois toutefois que l'abandon volontaire ou forcé des êtres qu'on aime est ce qu'il y a de plus dur au monde.

Il y a malheureusement un correctif à cette histoire plutôt touchante :

Je crois les nègres très légers et très oublieux; j'en eus la preuve flagrante peu de jours après le petit événement que je viens de raconter.

Je vis la négresse qui m'avait paru si éplorée, jouant et riant avec un autre Sénégalais sur la grand'place du poste de Brazzaville. Je ne pus en croire mes yeux.

Cela m'a remis en mémoire une autre histoire

authentique, arrivée il y a deux ou trois ans à Saint-Louis.

Une jolie Sénégalaise, en puissance d'époux, avait lié connaissance avec un galant tirailleur. Le mari, averti et jaloux à juste titre, fit savoir à son rival qu'il le tuerait, s'il continuait ses relations avec sa femme.

Ce qu'il avait prédit arriva : le séducteur, surpris en flagrant délit, fut poignardé. On arrêta le meurtrier ainsi que la femme, qui d'abord avait pris la fuite, mais qu'on retrouva le soir même dans une espèce de *bastringue* des environs, se livrant à des exercices chorégraphiques, tout comme si rien ne s'était passé.

Amenée devant le juge instructeur, celui-ci lui fit des remontrances à propos de sa conduite vraiment incroyable après le meurtre d'un homme qu'elle paraissait chérir tendrement : « Vous n'avez pas d'âme et le souvenir de ce malheureux n'a donc laissé aucune impression dans votre cœur? »

Ce à quoi elle répondit, avec un grand calme : « Mais puisqu'il était mort. »

L'ABANDONNÉE ET Mlle KAMBISSI, DITE MOULIN A CAFÉ.

CHAPITRE VII

L'odyssée d'une princesse. — Je manque fonder un empire. — Les femmes rouges.

Ne vous attendez pas à m'entendre vous rapporter les petits cancans et potins de la localité. Il y aurait trop à faire et ça pourrait vous fatiguer. Une dernière histoire, que je ne pouvais omettre, c'est celle de la *Princesse*, qui est passablement drôle (l'histoire ou la princesse à votre choix).

La négresse en question, car c'est d'une négresse qu'il s'agit, a été, par l'entremise de M. de Brazza, qui m'a avoué lui-même n'y avoir rien compris, expédiée du ministère au capitaine Marchand, pour être ramenée par lui dans le *Dar Banda*, sa patrie. C'est quelque joyeux fumiste qui a dû *monter ce bateau*.

Voici l'histoire de cette personne de qualité : prise à l'âge de six ou sept ans par les Arabes esclavagistes, elle fut vendue en Égypte, où elle nous dit avoir beaucoup souffert. Comme elle entrait un jour dans le détail de ces souffrances, Germain, qui ne perd jamais l'occasion d'être gai, s'écria : « Oh ! je connais ça, vos souffrances, c'est évidemment terrible, mais

Ça ne ressemble en rien
Au supplice du pal,
Qui commence si bien
Et qui finit si mal.

Puis, je ne sais plus au juste par quelle suite de péripéties elle habita successivement Constantinople, l'Italie, l'Angleterre, en dernier lieu la France. Elle ne parle du reste que l'italien. En Europe, elle me paraît surtout avoir exercé la profession de bonne d'enfants. Parfaitement insignifiante du reste, et en mesure de lutter avantageusement avec un singe, au point de vue physique, elle me fait l'effet de n'avoir gardé aucun souvenir de son pays : elle ignore non seulement le nom de ses parents mais celui de son village.

Quelle est cette mystification?

MARIE-THÉRÈSE, PRINCESSE.

11.

Est-ce un agent politique qu'on dépêche? Est-ce un espion? tout peut se supposer. Un jour qu'elle avait un petit coup d'absinthe dans la tête, elle m'a raconté, me croyant sans doute Italien, à cause de mon nom, et de la langue que je parle assez bien, elle m'a raconté, dis-je, qu'elle avait vécu avec les Italiens à Massaouah, durant la campagne d'Abyssinie. Quel diable de métier pouvait-elle faire là-bas? et comment se trouvait-elle au camp de Baratieri? Mystère!

Sans enfler outre mesure l'importance de cette affaire, il est permis de se demander à quoi correspond l'envoi de cette femme dans un pays où elle ne peut, si on l'y abandonne, qu'être très malheureuse. D'autre part, la Princesse nous exècre cordialement, et elle ne s'en cache pas. Cette haine n'a d'égal que son amour pour les Italiens.

Si c'est par simple humanité qu'on croit devoir agir de la sorte envers elle, il n'y a aucune raison pour qu'on n'en fasse pas autant à l'égard de tous les petits chefs nègres que nous rencontrons journellement, réduits à l'esclavage et menés à coups de bâton et de pied dans le bas du bas du dos. Ces princes me paraissent tout aussi intéressants que la princesse du Dar Banda, Marie-Amélie ou Thérèse, je ne sais plus au juste.

Dans tous les cas, cette princesse nous a fortement égayés durant le séjour à Brazzaville.

La pauvre fille était tombée amoureuse de Marchand, et le capitaine dut presque employer la violence pour se débarrasser de ses assiduités : on a beaucoup parlé d'une tentative d'invasion qu'elle fit à son égard : une nuit, paraît-il, il fut éveillé par la clarté d'un flambeau qui lui illuminait brusquement le visage. Il se dressa. Devant lui, tenant un bougeoir d'une main et de l'autre écartant sa moustiquaire, il aperçut une figure de femme noire, dont les yeux flamboyaient. Le capitaine, qui pourtant est un brave, eut peur : « Que me voulez-vous, fit-il effaré. — Rien, répondit en tremblant Marie-Thérèse, car c'était elle. Je voulais seulement vous faire mes adieux; je sais que vous partez demain pour la guerre. — Vous êtes fort aimable, grogna le dormeur, mais si ça vous est égal, nous remettrons ça à demain matin. » Et il se retourna brutalement vers la ruelle.

Elle devait échouer également auprès du pauvre Simon (mort depuis). Simon s'était

FEMMES CASSAÏ ROUGES, EMPILEUSES DE SACS.

amusé, pour nous divertir, à lui jouer en plein air des scènes d'opéra-comique, dans lesquelles elle finissait par *couper*.

C'est cet animal de Vitu qui lui avait persuadé d'abord que Marchand l'adorait sans oser déclarer sa flamme, parce qu'il était extrêmement *timide*; cette timidité de jouvenceau du capitaine Marchand était une trouvaille.

Je disais qu'après Marchand, ça avait été le tour de Simon, puis le lieutenant de vaisseau Morin (mort également) fut indiqué par Vitu comme susceptible d'enthousiasme pour la princesse; mais celui-ci ne devait pas lui laisser une seconde d'espoir : oubliant même toutes les lois de la galanterie, il lui avait *flanqué* son pied dans... etc.

En désespoir de cause, Marie-Amélie se rabattit sur votre serviteur. Vitu avait poussé la plaisanterie jusqu'à lui persuader que le *peintre*, poussé par une ambition effrénée, n'était pas éloigné, si elle y consentait, de lui demander *sa main*, avec l'intention de fonder un empire au centre africain.

Marie-Thérèse à ce propos me fit elle-même des ouvertures, que je ne repoussai point complètement; les conditions de notre *union* future furent même débattues sérieusement : il fut convenu que je lui tolérerais une garde de noirs solidement charpentés, me contentant du titre de *sultan blanc*; elle me proposa également d'écrire au pape pour mettre nos États sous sa protection: il fut même parlé de Carolus Duran comme ministre des Beaux-Arts. Ainsi que vous pouvez juger, elle avait de grandes idées.

Malheureusement tous ces beaux projets devaient s'en aller en fumée et je perdis de vue cette chère princesse au delà de Banghi.

Je ne la regrettai pas outre mesure, car au fond elle était aussi méchante que laide; elle exécrait cordialement toutes les autres femmes, surtout les jolies; je me souviens d'une scène qu'elle eut sur la place du poste avec Mlle *Moulin-à-Café*, qu'elle accabla d'injures, lui reprochant hautement son manque de virginité, avantage dont elle prétendait avoir le monopole. Ce reproche ne parut du reste émouvoir que très peu la petite Loango, qui n'avait aucune prétention au prix de vertu.

Lorsque Marchand se fut enfin décidé à me

lâcher, la princesse embarqua avec moi sur la *Ville-de-Bruges*, et nous quittâmes Brazzaville, pour nous diriger vers le Haut-Oubanghi où, je l'ai dit, je devais la perdre de vue définitivement. Je n'ai jamais eu de ses nouvelles depuis.

Qui sait? J'ai peut-être raté un trône.

Avant d'abandonner Brazzaville, je dois vous parler des Cassaïaises, les *femmes rouges*.

Les femmes dont il s'agit sont rouges, non pas à la façon des Indiens d'Amérique, qui paraissent de cette couleur simplement parce qu'ils s'enduisent d'ocre rouge, et qui en réalité sont plutôt des jaunes, appartenant à la race asiatique et mongole, et par la couleur et par les cheveux.

Les femmes du Cassaï ont non seulement une peau rougeâtre d'un ton merveilleux, mais encore d'un velouté et d'une douceur infinis; beaucoup sont jolies, la plupart un peu fortes, mais admirablement construites. J'ai eu l'occasion d'en voir une troupe nombreuse à la factorerie belge de Kinchassa, en face Brazzaville, dans l'État indépendant; elles étaient employées à l'empilement dans des sacs et au portage du caoutchouc. Elles montrent dans ce travail une vigueur toute masculine, ce qui ne les empêche pas d'être souples et agiles, même gracieuses; mais c'est surtout leur force physique vraiment extraordinaire qui m'a frappé. Je me demande comment sont les mâles.

Ces belles *Peaux-Rouges* passent pour être très enclines à la volupté. Le docteur Briard, directeur de la factorerie, et mon hôte à Kinchassa, m'a donné là-dessus des éclaircissements que je crois convenable de garder pour moi. Je craindrais, au point de vue art et science, d'exciter la jalousie de nos horizontales.

Durant le voyage que j'effectuai, sur le Congo et l'Oubanghi, passant et repassant quatre fois l'Équateur, je ne vous renouvellerai pas les descriptions, déjà faites dans mon premier livre, des forêts ombreuses et inextricables, des brousses impénétrables, sans routes ni sentiers, des cours d'eau immenses, semés de bancs de sable et de rapides, grouillant d'hippopotames, de tortues et de caïmans, bordés de la végétation luxuriante des tropiques toute remplie d'animaux sauvages et de reptiles de toute espèce, sans compter les hommes, encore plus farouches que les bêtes.

Ceci est le cadre et il restera le même durant tout le voyage.

CHAPITRE VIII

Réflexions. — A bord de la *Ville-de-Bruges*. — Les femmes bangalas. — Une mère courageuse. — Nous retrouvons la belle Mme Louettières. — Une sirène homicide. — Femelles bondjos.

Respirons un instant avant de nous élancer sur le Congo, c'est-à-dire en pleine sauvagerie.

Ici va commencer une véritable exhibition de femelles, qui n'ont rien de commun avec la femme telle que nous la rêvons ou concevons dans nos centres civilisés, surtout dans les classes moyennes de la société, où son éducation et son instruction en font autre chose qu'un jouet et un instrument de plaisir (j'excepte naturellement les femmes du *demi-monde* et même du *monde*, qui ne sont absolument que cela).

En effet, si la femme est souvent notre égale

en Europe, c'est tout autre chose en Afrique ; et je dois dire qu'ici la plupart des aventuriers, qui viennent écumer le sol, préfèrent qu'il en soit ainsi. Ils ne la comptent que comme une distraction utile, un délassement nécessaire ; et la plupart d'entre eux aiment assurément mieux les caresses d'une esclave que le cœur d'une femme.

En somme, et je vous prie, mesdames, de ne pas vous fâcher de ce que je vais vous dire : Si l'homme y perd en délicatesse et en raffinement, il y gagne en force et en autorité. Il est avéré que dans les milieux où l'influence de la femme domine, la vitalité et l'énergie de la race humaine décroissent. L'histoire de la décadence des peuples est là tout entière.

Je n'insisterai pas trop sur cette façon d'envisager les choses, qui m'amènerait à démontrer que « la femme a été donnée à l'homme pour l'empêcher de grandir », ce à quoi on pourrait me répliquer que la nécessité de ce développement de l'être masculin n'a jamais été prouvée.

Laissons donc marcher les choses humaines comme elles veulent, de même qu'on laisse couler l'eau des fleuves, et continuons notre rôle d'observateur et de narrateur, sans nous embarrasser de

FEMME BANGALA

la recherche des résultats ou des causes, et surtout n'oublions pas la première des vérités, c'est que, *s'il n'y avait pas de femmes, il n'y aurait pas d'hommes*; et vice versa.

Vous imaginez-vous par impossible une société sans femmes? Ça serait du propre.

La montée du Congo sur la *Ville-de-Bruges* fut beaucoup moins fertile en incidents amoureux que le séjour à Brazzaville. Nous avions bien à bord un certain nombre de *naturelles* sans compter la princesse du Dar Banda, qui me battait froid, depuis qu'elle s'était aperçue du peu de solidité de mes projets; mais ces dames étaient peu faites pour troubler les cerveaux de mes compagnons de route; leur laideur les mit à peu près à l'abri des tentatives de séduction ordinaires en pareil cas. Quelques curieux audacieux ou plutôt affamés osèrent nouer des intrigues, intrigues dont ils ne se vantèrent du reste pas avec ces indigénesses, qui étaient en majorité des Bangalas, plus ou moins tatouées en reliefs énormes sur la face et le crâne, qu'elles portaient rasé à l'instar des Japonais. Ces aimables personnes étaient les épouses des noirs composant l'équipage de notre steam.

Leurs maris ne me parurent pas très tourmentés par la jalousie; un peu plus de succès de la part de leurs moitiés ne leur eut peut-être pas déplu. L'un d'eux, ayant appris que je demandais sa femme pour faire un croquis, me l'amena avec empressement, croyant qu'il s'agissait de tout autre chose; il parut très étonné de me voir rouvrir toute grande derrière lui la porte de ma cabine, qu'il avait discrètement fermée en se retirant. J'avoue que l'idée seule d'être enfermé avec cette guenon ornementée m'avait terrifié.

Mon modèle resta cloué immobile devant moi, n'osant souffler ni lever les yeux. Quand je lui montrai mon dessin, elle poussa un éclat de rire stupéfait et courut chercher ses compagnes. Les noirs me considérèrent dès lors comme un sorcier, et toutes les femmes voulurent avoir leur portrait. d'autant que la séance avait été payée par le cadeau d'un mouchoir; mais je me contentai du spécimen que vous avez sous les yeux; ce qui n'empêcha pas le capitaine Germain et le docteur Emily de faire des gorges chaudes à propos de ce qu'ils appelaient mes *succès*. Vous pensez si je leur rendis la monnaie de leur pièce, et peut-être avec plus de raison.

FEMME DE LA HAUTE SANGHA.

A part un incident dramatique qui survint au-dessus de l'embouchure du Cassaï, rien à signaler à propos des femmes ; l'incident en question est plutôt fréquent, étant donné l'habitude qu'ont les noirs de s'endormir sur l'épaisseur de la paroi des bateaux en marche.

Une jolie petite fille de sept à huit ans s'étant laissé choir dans le fleuve, fort large et très rapide en cet endroit, sa mère, une grande et forte gaillarde, n'écoutant que son dévouement, s'élança à sa suite et parvint à saisir l'enfant, qui, du reste, nageait comme un petit poisson ; par malheur, la violence du courant les avait emportées très loin toutes les deux, avant qu'on eût pu faire machine en arrière ; une pirogue fut mise à l'eau et on parvint à les retirer saines et sauves, mais épuisées de fatigue.

Nous eûmes, pendant le même trajet un autre accident à peu près semblable, sauf le dénouement qui fut moins heureux : un de nos Sénégalais, qui était également tombé à l'eau fut, au moment où l'adjudant de Prat, descendu en pirogue, allait le saisir, happé par un caïman et disparut en poussant un grand cri et en étendant brusquement les bras au-dessus de l'eau.

Comme vous pouvez juger, les *pleine-eau* ne sont pas sans inconvénients dans le fleuve Congo

Un peu après notre entrée dans la rivière de la Sangha, je fis une rencontre tout à fait inattendue.

Quel ne fut pas mon étonnement en apercevant sur la rive, au milieu des sauvagesses de l'endroit, n'ayant d'autres voiles que celui de l'atmosphère, une grande gaillarde, vêtue d'un pagne rouge éclatant, ornée de bracelets, colliers, boucles d'oreilles en or, etc., et de tout le luxe constituant la toilette de ce qu'on appelle là-bas une *femme de blanc*. La dame en question me faisait des signes de la main, comme à quelqu'un qu'on connaît; et, en effet, je finis par me la rappeler : c'était Mme Louettières, laquelle, vous vous souvenez, s'était sauvée de Brazzaville à la suite d'une querelle un peu vive avec le chasseur. Elle était retournée dans son village, à Bongha, près d'une factorerie hollandaise, où l'accueillit, en tout bien tout honneur, un ami de son époux, M. Laffitte, un joyeux enfant de Montmartre, mort hélas! depuis comme tant d'autres. Ce fut cette belle fille qui fut la cause indirecte du meurtre de Louettières.

FEMMES DES ENVIRONS DE BALOUÏ.

Mais, comme disent les romanciers, n'anticipons pas sur les événements.

C'est à partir de Bongha, que le cannibalisme bat son plein et durant tout le reste du parcours, jusqu'à Banghi, nous ne devions plus rencontrer que des anthropophages.

Dans le village de Balouï, dont toutes les cabanes sont surmontées de crânes, nous n'aperçûmes aucun habitant; de même, chez les Hypembôs, tout le monde avait pris la fuite. Un tirailleur Sénégalais, après avoir rôdé dans le village, s'étant écarté un instant dans la brousse et ayant aperçu une femme indigène qui lui faisait des signes, commit l'imprudence de suivre la nymphe sous bois; le malheureux ne reparut jamais. En vain ses camarades, qui l'avaient vu s'enfoncer dans la brousse, fouillèrent-ils tous les environs.

Si les marmites pouvaient parler, on saurait certainement à quoi s'en tenir sur le sort de ce pauvre diable.

Dans un autre endroit, sur la rive belge, nous ne rencontrâmes que des cases également vides et toujours ornées de crânes; l'une d'elles renfermait la fameuse table aux sacrifices; tout au fond de cette case on trouva, blotties dans le coin le plus obscur, sous des nattes, un groupe de jouvencelles; ce fut un sergent sénégalais qui découvrit le pot aux roses. Ces dames poussèrent d'abord des cris de terreur, mais en face de nos gestes rassurants elles se calmèrent vite; les perles et les colliers qu'on leur offrit achevèrent de nous les concilier; puis, comme on les laissait libres, ce fut une véritable fuite *ad salices*. Suivies par plusieurs de nos jeunes gens dans cette fuite vraiment peu rapide, ces filles peu sauvages furent certainement rejointes sous la feuillée, à en juger par les petits cris et rires que j'entendis dans les bois. Cette fois, heureusement, personne ne manqua à l'appel. Sans doute, les hommes de la tribu étaient à la chasse.

Un docteur belge m'a raconté une aventure un peu pareille, aventure dans laquelle il avait failli succomber glorieusement. C'était au pays des Monvous : s'étant écarté de sa troupe, à la recherche de plantes médicinales, il fit la rencontre inopinée d'une femme qui lui fit des signes plutôt encourageants; le docteur, qui est jeune et aventureux, suivit un peu imprudemment la sirène. Ils firent halte dans la brousse et s'assirent, je ne dirai pas sur le gazon, car je n'en ai jamais vu en

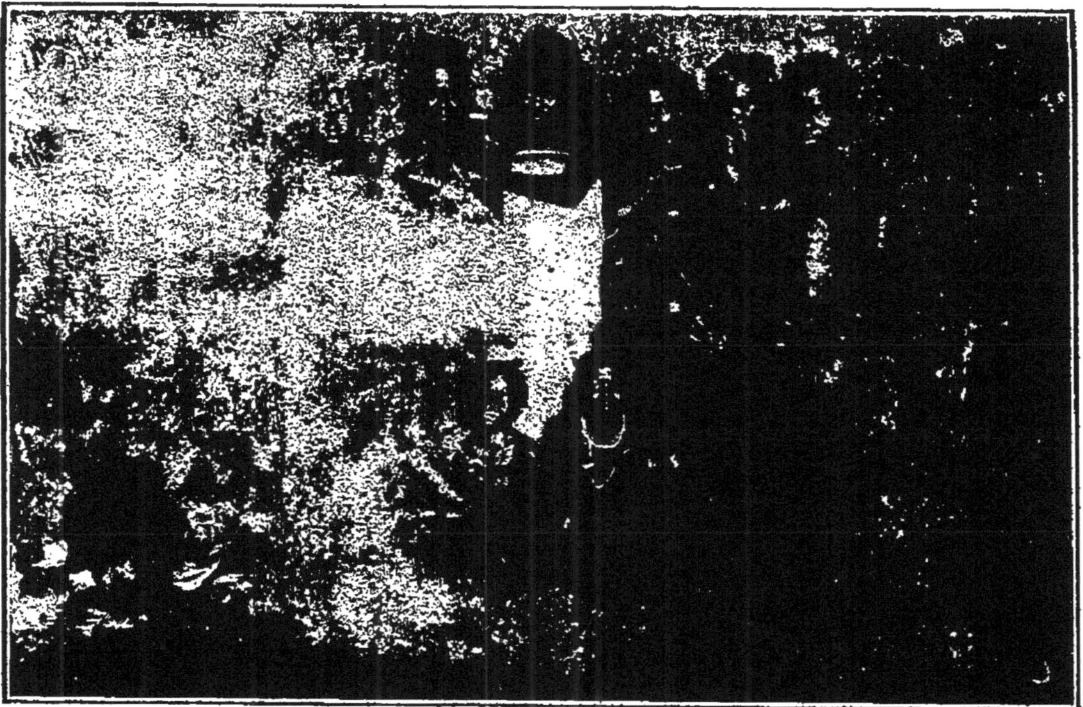

FEMMES MONVOUS.

13.

Afrique, mais sur le sol. Pendant qu'ils étaient en grande conversation, conversation toute mimée, ils furent surpris par une troupe de femmes qui les entourèrent avec des cris et des éclats de rire.

Jusqu'ici rien de mal ; mais la curiosité de ces dames alla jusqu'aux indiscrétions les plus incroyables : elles n'avaient jamais vu de blanc, et elles voulaient se rendre compte. Le pauvre docteur crut devoir faire bonne contenance.

Malheureusement le courage a des limites, et il y eût peut-être laissé la vie, sans l'arrivée de plusieurs de ses compagnons qui s'étaient mis à sa recherche. Il rejoignit le gros de la troupe, soutenu par ses camarades et marchant presque sur les genoux.

On peut juger par cet exemple que l'amour dit *platonique* n'aurait qu'un médiocre succès auprès des dames noires; aussi la nature y a-t-elle pourvu en trempant le nègre d'une façon exceptionnelle.

Au marché de *Doundô*, village habité par les terribles *Bondjos*, l'élément féminin nous apparut nombreux et peu aimable.

Ici, les guerriers, armés jusqu'aux dents et taillés en hercules, n'entendent pas la plaisanterie à propos de leurs épouses; du reste, on ne se risque pas à *flirter* avec ces personnes aux mâchoires affûtées comme des scies. Le jeu pourrait être dangereux; ce qui tendrait à prouver que montrer les dents est encore la meilleure façon de s'attirer le respect.

C'est à Doundô que j'ai rencontré le plus abominable type de goule qu'on puisse imaginer : figurez-vous une vieille furie hideuse, qui attirait par des gestes démoniaques et des glapissements suraigus l'attention des tirailleurs sur sa marchandise, s'emportant violemment quand on refusait de traiter avec elle. Le chef fut obligé de la chasser du marché, qu'elle troublait par ses vociférations.

Jusqu'à Banghi, mêmes populations barbares et féroces, mêmes femelles aux dents de chacal et aux regards farouches; quelques-unes portent au cou et aux pieds des colliers de cuivre rivés, dont certains pèsent bien de quinze à vingt kilos. Je me suis demandé comment on arrivait à fermer ce singulier bijou, qui m'a paru d'une pièce et beaucoup trop étroit pour laisser passer la tête.

Les filles ont presque toutes des coiffures avec une queue tressée qui vient en avant, en forme

FEMMES ET HOMMES CUIRASSÉS DE DOUNDÔ.

de trompe d'éléphant; un petit jupon en crin végétal leur descend très bas sur la croupe et sert de prétexte à couvrir leur peu ragoûtante nudité. Ce vêtement bien inutile, à moins que ce ne soit pour chasser les mouches et les moustiques, est d'une indécence parfaite et ne dissimule rien du tout.

JEUNE FILLE DE DOUNDÔ.

CHAPITRE IX

Banghi. — Sacrifices humains. — Wadda, les N'Sakkaras. — Population. — Cannibalisme. — Guerre. — Justice.

C'est en pirogue que nous remontâmes la rivière de l'Oubanghi ; ce cours d'eau est barré par de nombreux rapides, qui le rendent infranchissable pour les steams aux eaux basses ; il est très dangereux en tout temps. Après trois jours de navigation peu agréable, étant donné ce nouveau mode de transport, entre des rives plates mais couvertes d'une riche végétation, nous atteignîmes le poste de Banghi, qui marque le point culminant de la barbarie en Afrique.

J'ai fait très en détail la description de ce poste et de ses alentours dans *Vers le Nil français ;* je me contenterai donc de relater les faits et observations ayant trait à mon nouveau genre de récit, récit dans lequel je dois surtout m'occuper des individus de l'autre sexe, en leur fournissant toutefois le cadre nécessaire et indispensable à leur action et au milieu dans lequel ils se meuvent.

Quoique l'élément féminin soit nombreux à Banghi, la galanterie y règne beaucoup moins qu'à Brazzaville et les quelques blancs qui résident ici ne contractent pas ce qu'on appelle des *mariages*. L'administrateur Comte, sans être un puritain, a d'autres chiens à fouetter.

Il règne au poste une grande activité : il s'agit de veiller au passage de la mission Marchand et de défendre la station contre les populations voisines, qui ne sont pas commodes.

Néanmoins, l'amour n'y perd pas tout à fait ses droits et les aventures galantes vont leur train, accompagnées toujours des mêmes petits scandales, enlèvements, infidélités constatées ou non, et autres peccadilles peu graves en territoire congolais. J'ai dit plus haut que je n'ai jamais vu frapper ou fouetter aucune femme dans le Congo français; mais si les femmes, en général, ne sont pas très maltraitées en Afrique, néanmoins chez les nègres, comme chez nous, il y a des maris qui

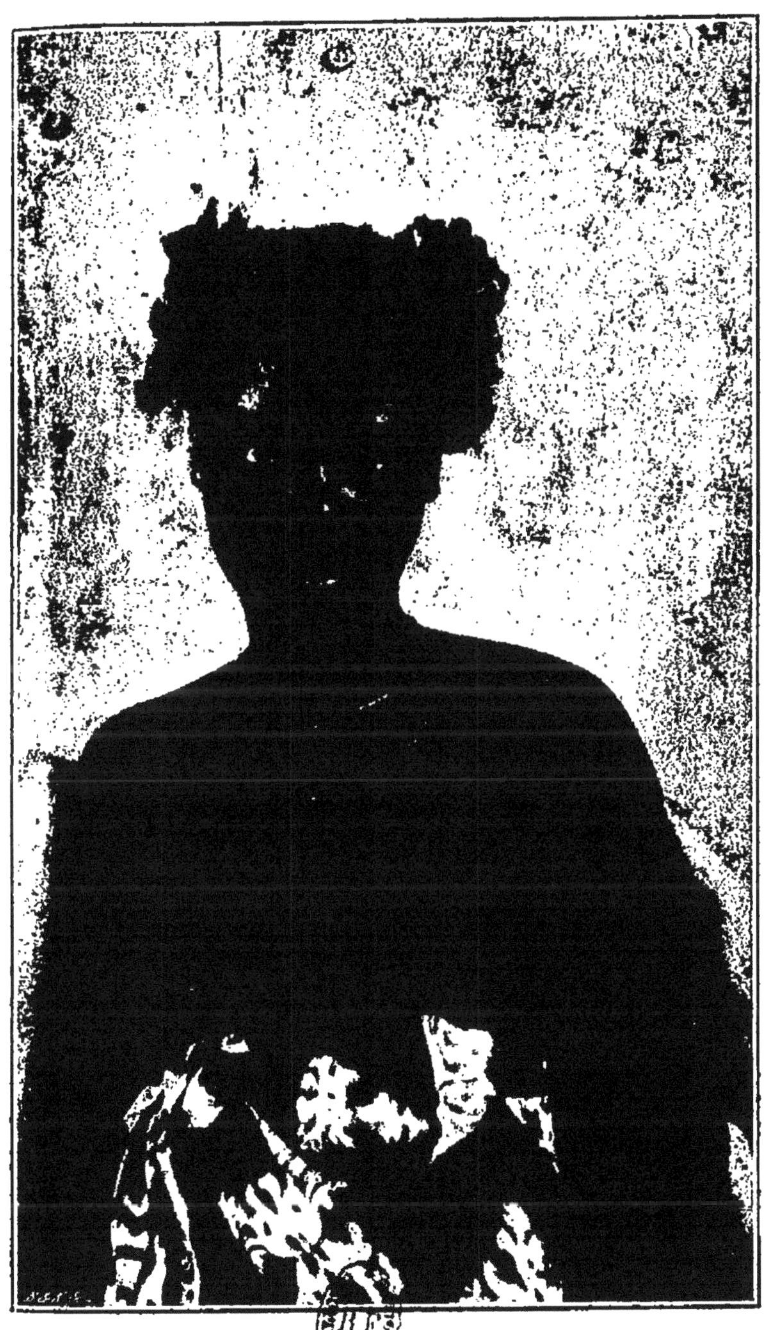

FEMME DE BANGHI.

14.

ne se gênent pas à l'occasion pour leur allonger quelques taloches. Je me souviens qu'à Banghi, quand un de ces messieurs se laissait aller à des mouvements de vivacité envers son épouse, celle ci, sachant parfaitement que les blancs n'aimaient pas qu'on frappât les femmes, poussait des cris de paon à la plus légère chiquenaude, à tel point que dans les commencements je me figurais sans cesse qu'on assassinait ces dames. Je finis bientôt par connaître la ficelle et ne plus m'émouvoir, même aux appels les plus désespérés.

Ce n'est pas à dire pourtant qu'il n'y ait pas de sévices et même de cruautés commises vis-à-vis des femmes; ces sévices ont eu lieu souvent à propos de faits peu graves en eux-mêmes, mais touchant de près ou de loin aux intérêts ou à la cupidité des blancs; dans ce dernier cas, ces bons blancs peuvent devenir des bêtes féroces : témoin la scène dont M. de Brazza m'a montré la reproduction photographique. Il s'agit de deux petites filles de huit à dix ans, ayant eu les poignets coupés. Ces enfants, paraît-il, avaient commis le crime de travailler à la récolte du caoutchouc pour d'autres que pour l'État indépendant.

Est-ce vrai?

Quoiqu'il en soit, j'ai vu de mes yeux les photographies en question, qui étaient de grande dimension et prouvaient absolument la réalité de ces révoltantes atrocités.

J'ai eu par Comte beaucoup de détails sur les sacrifices humains, dont le véritable centre est Liranga et qui s'étendent dans toute la partie du continent comprise entre le Cassaï et le Bar-el-Gazal.

C'est surtout la mort des chefs qui donne prétexte à ces hécatombes, dont les femmes font le plus souvent les frais.

Le chef de poste Costa m'a montré plusieurs de ces malheureuses qui avaient échappé au supplice en se réfugiant chez les blancs. L'idée de subir ce que l'on appelle le dernier outrage, de la part des soldats du poste, ne les avait nullement arrêtées.

Dans une autre circonstance, M. Costa avait fait empoigner et chicoter d'importance une vieille cheffesse nommée *Comba-Becha*, qui, durant une maladie, s'offrait le luxe de faire éventrer une jeune fille chaque matin pour se rendre les fétiches favorables. Cette vieille furie osa se plaindre de la *méchanceté* du blanc, qui n'avait pas com-

LA PETITE KATY (femme de Sénégalais).

pris qu'elle ne faisait qu'obéir à un usage antique, usage approuvé et entretenu soigneusement par les féticheurs. Comte m'a également raconté plusieurs fois, à propos de femmes qui s'étaient réfugiées à sa station, pour échapper au massacre, des histoires invraisemblables de cruauté : après une de ces débauches de meurtres, qui s'était passée à une vingtaine de kilomètres nord-est de la station, il avait pris tous les Sénégalais disponibles et était remonté jusqu'au village où avait eu lieu cette boucherie. Le village en question avait été incendié et tous les habitants prisonniers, moins les femmes et les enfants, avaient été passés par les armes. Des émissaires furent ensuite expédiés par lui, pour inviter les chefs de la contrée environnante à se rendre au poste de Banghi, sous peine de voir leurs villages rasés. Beaucoup se rendirent à l'appel; Comte en profita pour nouer avec eux des relations commerciales et leur arracher la promesse formelle qu'il n'y aurait plus de sacrifices humains.

Ont-ils tenu parole?

Dans tous les cas, cet acte de rigueur fit cesser pour un temps les agressions contre le poste et répandit une salutaire terreur chez les Bondjos.

Comte, avec lequel j'ai exploré la contrée et fait une expédition de plusieurs jours dans le haut, par delà des rapides de l'Éléphant et de l'En-Avant, jusqu'à Wadda, m'a mis de plus entre les mains le journal du poste et toute une série de notes sur les *N'Sakaras*, avec l'autorisation d'en tirer le parti que je jugerais convenable.

Je pense qu'on me saura gré de ce développement que j'avais un peu négligé dans mon premier volume, étant donné la surabondance des matières à traiter.

Voici le résumé de ces notes, y compris mes observations personnelles.

Les N'Sakaras forment la plus puissante nation du Haut-Oubanghi et ont pour chef le fameux *Bangassou*, l'allié, le protégé des Français. Les Belges, qui étaient en relation avec lui avant nous, lui ont donné le titre de *sultan*. Les N'Sakaras sont répandus sur les territoires compris entre le Koto et le Bali, sur la rive droite de l'Oubanghi. On n'a pas de données suffisantes pour établir le chiffre même approximatif de la population. Il est probable qu'elle dépasse 25 000 habitants; le nombre des femmes est de beaucoup supérieur à celui des hommes, à cause

ENVIRONS DE BANGHI.

du trafic et de la vente continuelle des adultes et des enfants mâles. Toutefois, cette population tend beaucoup à diminuer, grâce aux sacrifices humains et à l'exportation des esclaves à l'État indépendant. Ce sont ces esclaves que nos voisins les Belges ont appelé des *libérés* par un euphémisme vraiment monstrueux; c'est en réalité la traite ressuscitée effrontément en pleines possessions européennes, là où l'esclavage est aboli de droit par nos lois internationales.

Notre établissement définitif sur la rive gauche du *M'Bomou* doit supprimer ces causes de dépeuplement. La population, disséminée sur un territoire assez vaste, se compose surtout de N'Sakaras proprement dits. On rencontre également quelques villages d'esclaves Boubous et, le long du *Koto* et du *M'Bomou*, des villages de *Yakomas* qu'ils appellent *Dendis*.

La plupart des N'Sakaras sont grands, forts et assez intelligents; ils ont des aptitudes remarquables pour la marche et font d'admirables porteurs. En dehors de la chasse et de la danse, ils travaillent fort peu et laissent ce soin à leurs femmes, parmi lesquelles on trouve de fort beaux types; elles sont considérées comme esclaves.

mais généralement bien traitées; elles ont même, dit-on, voix délibérative dans les assemblées extraordinaires, où se discutent les intérêts généraux.

Ce sont les femmes qui s'occupent de la culture et de tous les travaux en général. Cette culture se fait surtout le long des *thalwegs*, à la place des arbres abattus, le sol des plateaux n'étant pas d'une fertilité suffisante. Il est toutefois utilisé pour la culture du maïs, dont on fait deux récoltes par an. Les hommes s'occupent principalement de chasser, de pêcher ou de faire la guerre, ou même de fumer leurs pipes (le tabac que récoltent les indigènes en grande quantité est partout excellent; les femmes en font peut-être un usage plus considérable que les hommes).

Les plantes qui servent à l'alimentation sont : le *manioc*, la *patate*, l'*igname*, une *courge* dont on mange les graines, les *arachides* et la *colocasse* ou *târo*.

On cultive également une grande quantité de *sésame*, dont on extrait une huile qui entre dans la préparation de presque tous les aliments. L'*éleusine* et un *sorgho* donnant un gros mil sont

CHASSEURS D'ÉLÉPHANTS.

employés pour la fabrication d'une bière dont les N'Sakaras font un usage immodéré. Plusieurs variétés de *bananiers*, donnant des bananes douces, sont cultivées autour des villages. Le poisson entre également dans une faible proportion dans l'alimentation des N'Sakaras; la viande de chasse, fraîche ou fumée, leur sert à préparer des ragoûts que les blancs mangent fort bien, après y avoir ajouté du sel, assaisonnement fort rare et peu apprécié jusqu'alors, si ce n'est par les chefs. Le petit piment rouge, dit *pili-pili*, qui pousse à l'état sauvage, est par contre répandu à profusion dans tous les plats.

Les N'Sakaras consomment peu de vin de palme, mais en revanche la bière est très commune chez eux.

On en fabrique de deux espèces : l'une, cuite, très épaisse, où il y a autant à boire qu'à manger, et qu'on appelle *Pi* et l'autre fermentée seulement, filtrée et ayant l'aspect d'une bière blonde un peu sirupeuse, qu'on appelle *Togo*. Le mil entre pour la plus grande partie dans leur préparation.

La chair humaine est certainement le mets de prédilection des N'Sakaras. Tous les hommes tués à la guerre, à la chasse ou après jugement, sont scrupuleusement mangés. La chair des blancs, dont on a rarement l'occasion de se régaler, est réputée un mets exquis.

Les femmes, d'ordinaire, ne sont pas admises à ces festins et cependant ce sont elles qui dans toutes les circonstances sont chargées des soins de la cuisine. La chair des femmes et des enfants est d'autant plus appréciée qu'on en mange seulement dans des occasions tout à fait solennelles, telles que mariages entre fils et filles de grands chefs, et traités d'alliance avec de puissants voisins.

A propos de cannibalisme, je ferai observer qu'on s'est trop complu à prêter aux anthropophages des figures plus terribles et plus féroces qu'aux autres peuplades. Tous les N'Sakaras que j'ai vus avaient plutôt l'air doux, et nous avons longtemps eu à notre service, comme piroguiers, des Bondjos; je n'ai jamais remarqué dans leur physionomie ces airs particulièrement effrayants qu'on prête aux gens qui se nourrissent volontiers de chair humaine.

Est-ce qu'on voit chez nous les gens qui aiment la viande regarder les bœufs ou les mou-

FEMMES N'SAKARAS.

tons d'un air farouche et avoir envie de se jeter dessus? Nous mordons très bien à belles dents dans un bifteck ou une côtelette, même saignants, sans pour cela avoir des instincts de férocité ou de méchanceté vis-à-vis des animaux qui les fournissent.

Il en est probablement ainsi des cannibales, vis-à-vis de ceux qui ne sont pas leurs ennemis; une fois morts, c'est différent, ça devient simplement de la viande, et, au lieu de l'enterrer, ils la font cuire et trouvent cela excellent, que dis-je, meilleur que les autres chairs. C'est peut-être vrai?

Sommes-nous beaucoup moins cruels parce que nous ne mangeons pas l'homme que nous avons mis à mort? Et en somme il est préférable d'être dévoré après son trépas que d'être supplicié avant, ce qui est le cas pour les prisonniers faits par les Arabes musulmans.

L'histoire de ces peuples est encore obscure; chassés des régions du Bar-el-Gazal par les invasions musulmanes, ils ont été en partie détruits. Les nombreuses luttes qu'ils ont eu à soutenir ont déterminé les N'Sakaras à se grouper autour de chefs influents. Ainsi s'est formé un petit empire, dont le dernier chef connu s'appelait *Boendi* et a conservé une grande réputation.

Les petits chefs de village, tout en étant les vassaux du grand chef, sont indépendants, comme par toute l'Afrique centrale, et se font souvent la guerre entre eux.

Ce sont surtout les rapts de femmes qui déterminent ces querelles. C'est, du reste, le moyen employé par nous autres blancs pour amener la soumission des noirs, qui font tous les sacrifices pour ravoir leurs épouses.

Quand un chef veut déclarer la guerre à un autre chef, il lui fait enlever une de ses femmes; le second répond en lui faisant faire des réclamations par un *messager*, qui est inviolable. Cette inviolabilité des *messagers* ressemble absolument à celle des hérauts d'armes du moyen âge. Il est extrêmement rare qu'il arrive malheur à ces envoyés, qui sont quelquefois porteurs de commissions désagréables; ils ont presque toujours une audace de langage des plus provocantes pour l'adversaire, auquel ils reprochent hardiment ses méfaits, et qu'ils menacent des plus cruelles représailles, lui déclarant crûment que

FEMMES N'SAKKARAS PRÉPARANT UN REPAS DE CHAIR HUMAINE.

10

les cadavres de ses guerriers deviendront la proie du vainqueur et qu'il s'en régalera.

On reconduit ces hérauts avec de grands égards jusqu'aux frontières ou délimitations des territoires, et on ne cherche jamais à leur tendre aucun piège.

Quand les deux partis se sont réciproquement tué des hommes et fait des prisonniers, le vainqueur envoie à nouveau un parlementaire au vaincu, qui lui en renvoie un. Les négociations sont alors entamées et durent souvent très longtemps (les nègres sont des maîtres diplomates) Une fois l'accord fait, les chefs font l'*échange du sang* et s'envoient des chèvres et des cabris, qu'ils donnent immédiatement à manger à leurs guerriers. Ils se restituent ensuite leurs femmes auxquelles on ne s'avise jamais de demander compte de l'emploi de leur temps durant la captivité. Il est vrai qu'une femme noire n'avoue dans aucun cas, même prise sur le fait; elles ont céla de commun avec beaucoup d'Européennes et, en général, les femmes de tous les pays. On restitue également ceux des captifs qui n'ont pas été dévorés; chacun offre à l'autre une de ses femmes, enfin ils vont passer ensemble quelque temps dans leurs deux villages, où on fait de grandes fêtes, qui consistent toujours en tam-tams et en festins.

Ce qu'on appelle la justice n'a cours que pour les esclaves; les chefs ou fils de chefs ne passent jamais en jugement et peuvent se livrer à tous les actes arbitraires sur la personne de leurs sujets.

Quand un esclave est convaincu de vol envers le chef, ou de meurtre, c'est très simple : ce chef l'exécute séance tenante, en l'étranglant lui-même avec une liane. Si sa culpabilité n'est pas prouvée, on le soumet à l'épreuve du poison. Si la force toxique du breuvage le fait tomber, on lui coupe le cou, tandis que s'il y résiste, il est libre. Le préparateur du liquide d'épreuve, qui est toujours un féticheur, est donc maître du jugement; il en résulte une impunité presque certaine pour ceux qui peuvent le payer suffisamment.

Les vols entre esclaves entraînent seulement la détention, jusqu'au moment où le voleur en a remboursé la valeur.

En dehors des sacrifices humains qui ont lieu à la mort des chefs, les femmes sont rarement exécutées, pour n'importe quel méfait.

TYPE DE MESSAGER.

En effet, elles avalent le plus souvent la coupe de poison sans sourciller.

Il faut qu'une femme soit bien vieille ou bien laide pour ne pas se tirer des épreuves auxquelles sont soumis les coupables des différents délits entraînant la peine de mort. Les féticheurs, qui sont à peu près tous des paillards avérés, les sauvent quand même et se font payer leurs complaisances de toutes manières; les plus pauvres d'entre les pécheresses, outrepassant le procédé de sainte Marie l'Égyptienne, paient et d'*avance* et *après*; et se considèrent même comme débitrices indéfiniment vis-à-vis de leurs sauveurs. Ces féticheurs ont encore du bon.

Voici en passant une observation physiologique que j'ai faite sur eux : ils ont tous des têtes de boucs ou de satyres et, si l'on en croit la renommée, ils ont le tempérament de leur tête. C'est du reste, paraît-il, une des conditions d'admission dans ce corps de *docteurs*.

CHAPITRE X

Un jugement de Bangassou. — Croyances et légendes
Coutumes et mœurs. — Naissances et mariages.

Le sultan Bangassou, qui règne sur les N'Sakkaras, est un tyran cruel, dont les fantaisies bizarres et sanguinaires sont très contrariées et atténuées par la présence des Français, dont il redoute la justice et la colère. Néanmoins, ce souverain se passe encore de temps à autre, en *catimini*, des fantaisies qui, tout en voulant être gaies, sont plutôt féroces.

Le lieutenant F....., qui me paraît sérieux, m'a conté de lui une anecdote indiquant chez ce prince une tournure d'esprit assez humoristique et facétieuse; la voici tout au long :

Un des sujets de Bangassou avait commis sur

une petite fille un forfait monstrueux, qui avait déterminé la mort de l'enfant; le coupable, pour ce fait, avait été condamné à avoir la tête tranchée. Jusque-là, rien de mieux; mais le souverain, qui aime à rire et a des prétentions à la clémence, voulut bien, après la condamnation, soumettre le criminel à un autre interrogatoire, attendu que celui-ci n'avait rien allégué de sérieux pour sa défense : « Mais enfin, lui dit-il, comment as-tu pu arriver à un acte aussi horrible? » Ce à quoi l'autre ne put que répondre, sous forme d'excuse, qu'il avait cédé à une violence extrême d'imagination, qu'il était très fort, que..., etc. « Ah! tu es si fort que ça, interrompit le souverain, eh bien, si tu remplis les conditions que je vais t'indiquer, tu peux encore sauver ta tête. »

On apporta sur le lieu du supplice une peau d'antilope, qu'on tendit fortement sur un cadre de bois. (La peau d'antilope, sans avoir l'épaisseur et la résistance de la peau d'éléphant, est connue pour sa solidité.)

On plaça devant l'appareil ainsi établi le patient, auquel on promit la vie sauve, si, dans l'espace de temps qui séparait du coucher du soleil, il parvenait, à l'aide de l'instrument qui lui avait servi à commettre son crime, à perforer la peau en question.

Pendant qu'il tentait courageusement l'épreuve, et afin de lui donner un peu d'entrain et de gaieté, il paraît que les femmes de Bangassou avaient été autorisées à l'encourager par les danses les plus suggestives; mais, hélas! ces dames eurent beau déployer dans la circonstance toute la grâce et la science dont elles étaient capables, ce fut peine perdue; le pauvre diable, malgré sa bonne volonté, ne put remplir les conditions imposées et, devant toute une populace mise en joie par ce spectacle, eut la tête tranchée; et son corps fut donné à manger aux assistants. J'ai le regret d'avoir égaré le croquis du patient tentant de sauver sa tête.

Les N'Sakkaras, comme les noirs en général, sont peu portés aux idées mystiques; superstitieux et croyant aux puissances occultes, ils subissent volontiers l'influence de féticheurs ou sorciers qui seraient eux-mêmes en relation avec les bons et les mauvais génies.

Ces peuples n'ont pas de *genèse*, et l'idée qu'il peut y avoir un être surnaturel, créateur de toutes choses, ne les a jamais préoccupés. *Goumba* est la divinité agissante, mais qu'on ne voit pas. Goumba est le maître des éléments et en général le maître bienveillant, tandis que *Kourouba* est la divinité du mal, le *diable* des N'Sakkaras, qui fait mourir les malades; il n'a qu'un œil, une oreille, un bras et une jambe! et remarquez en outre qu'il est blanc, comme tous les démons ou esprits malfaisants; de là sans doute la terreur folle que nous inspirons aux petits enfants noirs; quand ils nous aperçoivent pour la première fois, on les voit grimper après leurs mères en poussant des cris aigus, tout comme des petits singes.

C'est Goumba, le bon génie, qui renverse de l'eau; il fait du feu, le *soleil*, pour éclairer les N'Sakkaras; il tue les hommes et met le feu à leurs cases avec les *éclairs*. La *lune* est également son œuvre, mais ils ne s'expliquent pas ses changements de forme, pas plus qu'ils ne s'expliquent le mouvement du soleil.

Voici plusieurs légendes qui sont la reproduction exacte de ce que de vieux N'Sakkaras ont raconté à Comte; j'ai cru devoir leur conserver le cachet naïf et particulier qui les distingue.

« Du temps du chef Boendi, un N'Sakkara

LE SULTAN BANGASSOU, CHEF DES N'SAKKARAS.

« monta au ciel avec une grande corde; *Goumba* « lui donna une femme, avec laquelle il redes- « cendit à terre : il la montra aux N'Sakkaras en « leur disant d'où elle venait. Alors Goumba, « fâché de cette indiscrétion, a coupé la corde « avec laquelle on pouvait monter le voir et, « depuis, aucun N'Sakkara n'a pu y retourner.

« La femme était jeune, de race noire; elle était « très, très belle; elle est morte, il y a bien long- « temps, au village de Boendi que nous occupons « actuellement.

« Elle resta longtemps avec son mari, dont « elle eut deux fils; mais comme ils étaient très « forts et très beaux, les N'Sakkaras leur disaient « toujours qu'ils n'étaient pas *bons*, parce qu'ils « n'étaient pas comme eux. Alors la femme, « fâchée, remonta pendant la nuit avec ses deux « fils chez Goumba, qui leur jeta une corde et « auquel ils racontèrent tout cela. Goumba, fort « en colère, les fit redescendre et coupa la corde « qui tomba par terre. Son mari la vit et ne la « ramassa pas; il croyait qu'il mourrait s'il la « touchait. »

Voici une autre légende ayant également cours dans le pays :

« Un N'Sakkara allait à la chasse. Son chien vit « une bête et se mit à sa poursuite. La bête entra « dans le trou d'une énorme pierre et fut suivie « par le chien et l'homme. L'homme vit le soleil et « eut les cheveux et les sourcils brûlés. Le soleil, « qui est fait comme un homme, mais qui est en « feu, lui demanda ce qu'il venait faire; il lui répon- « dit qu'il était venu en cherchant son chien. Pen- « dant qu'il causait, le chien se sauva et alla voir « la lune. Le N'Sakkara dit alors au soleil de lui « donner son fils comme guide pour aller cher- « cher son chien. Ils partirent donc, avec le fils « du soleil, et marchèrent jusqu'à ce qu'il « fît nuit; mais le fils du soleil, qui avait du feu « sur la tête, marchait devant lui pour l'éclairer. « Ils arrivèrent ainsi chez la lune. Le N'Sakkara « ayant sifflé son chien, elle lui demanda pour- « quoi il venait et par où il était passé. Le « N'Sakkara lui raconta comment il était arrivé « chez le soleil et comment celui-ci lui avait « donné son fils comme guide pour venir recher- « cher son chien. La lune lui offrit un de ses fils « pour le manger, mais il répondit qu'il ne man- « gerait pas d'homme et qu'il préférait la viande « de femme, mais la lune refusa de lui donner

LE DIABLE DES N'SAKKARAS.
(Fac-simile d'une peinture nègre.)

« une de ses filles. Comme le chemin était très « long et qu'il avait faim, elle lui donna un « bœuf qu'ils mangèrent, après quoi elle l'ac- « compagna jusque sur la terre, à l'ouverture de « la grande pierre par laquelle il était entré.

« Le N'Sakkara rentra avec son chien dans son « village et il raconta à tout le monde ce qui lui « était arrivé. »

Il est de grand usage chez les N'Sakaras de consulter les oracles ou augures; quand ils ne s'adressent pas aux féticheurs, lesquels naturellement se font payer grassement, ils ont recours à un moyen plus économique et s'adressent au *M'biri*.

Le *M'biri* est une sorte de grillon qui fait son trou dans la terre. C'est l'oracle des N'Sakkaras. Quand l'un d'eux veut entreprendre un long voyage, une expédition ou aller voir un chef dont il suspecte les intentions, il va consulter le *M'biri*.

Pour cela, il coupe deux petits morceaux de bois, qu'il pose, un peu avant la nuit, devant le trou du *M'biri* et dit en en montrant un : « Celui-ci est le mien », et en montrant l'autre : « Celui-là est celui du chef » qu'il va trouver et qui pourrait lui faire du mal; puis il va se coucher. Le lendemain, il vient voir le résultat. Si en sortant de son trou le *M'biri* n'a rien déplacé, le résultat est douteux; si le bois qu'il a choisi est placé sur celui du chef, c'est qu'il est sûr de revenir sain et sauf, tandis que si le contraire se produit, il est sûr de mourir ou d'être fait prisonnier.

Comme ces épreuves se font en général à proximité des sentiers, les causes de déplacements des bouts de bois sont très multiples. Peut-être même le *M'biri* les déplace-t-il simplement parce qu'ils obstruent l'entrée du trou.

Quelques mots à propos des coutumes et des mœurs.

Le pays des N'Sakkaras est à peu près le premier pays qu'on rencontre, dans la traversée de l'Occident à l'Orient, ayant une sorte de gouvernement organisé, qui permette de réunir une armée obéissant à un seul chef, le sultan Bangassou.

Tous les hommes non mariés et en âge de travailler sont au service du chef, à la disposition duquel ils se tiennent toujours. Ceux qui sont en âge de porter les armes composent sa garde,

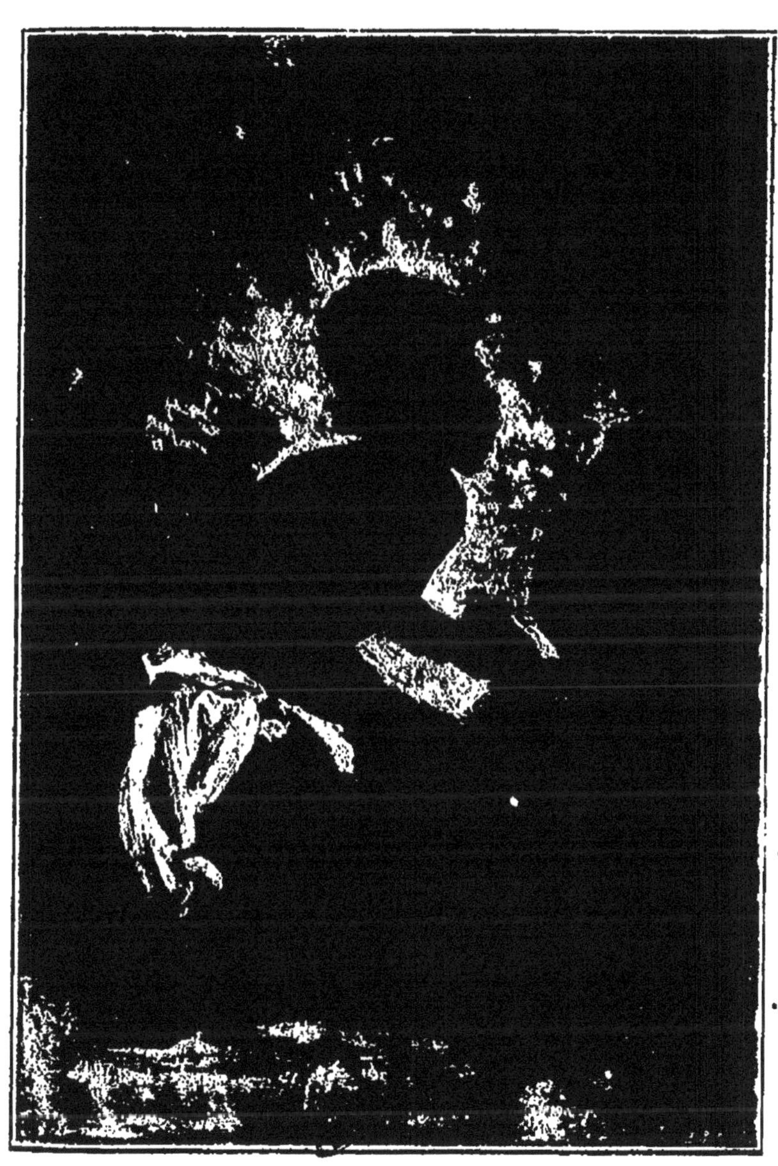

CONSULTATION DU M'BIRI.

qui occupe des cases peu éloignées de la sienne et généralement disposées en demi-cercle, sur la place derrière laquelle est construit le village du chef.

Cette garde, habillée à l'européenne, ou plutôt à la mode de nos Sénégalais, c'est-à-dire portant la chéchia, la veste et les pantalons flottants avec la ceinture en étoffe, est armée de fusils ancien modèle, qui ont été fournis par les Français. Elle compte actuellement trois cents hommes environ, y compris le cadre de sous-officiers et les clairons, qui ont été dressés par nos instructeurs. *Bangassou*, à cheval et escorté de ses femmes qui l'applaudissent, aime à diriger les manœuvres et passer les revues.

Les hommes de service, les parents du chef et d'autres chefs ont seuls le droit de pénétrer dans le village de Bangassou.

Quand il boit ou fume, tous les hommes présents claquent des doigts ou frappent la terre de leurs piques, en cadence, sa musique se fait entendre; quand il se trouve dans son village, ce sont ses femmes qui lui rendent cet honneur, en agitant des sonnettes.

Tout le temps que les femmes ne sont pas

mariées, elles peuvent avoir des rapports avec qui elles veulent.

La prostitution paraît même très naturelle; les filles de chefs font des *tournées* dans les villages, probablement pour y ramasser une dot.

Tous les enfants nés hors du mariage sont la propriété du chef, mais il nourrit leurs mères.

Les femmes restent enfermées au moment de leurs époques.

Pour faciliter l'accouchement, les matrones font absorber à la patiente la poudre, délayée dans de l'eau, d'une racine qui paraît avoir toutes les propriétés de l'ergot de seigle.

Dès que l'enfant est venu au monde, on le lave avec de l'eau fraîche, puis on le couche sur un lit en bambou recouvert d'une peau de cabri.

Après sa délivrance, la femme reste enfermée durant quinze jours.

Quand l'enfant a deux mois, on réunit les parents, les amis et les habitants du village où il est né; suivant la richesse du père, on tue un ou deux cabris, que les assistants mangent en faisant des vœux pour que le nouveau-né vive longtemps.

On perce les oreilles aux enfants quand ils sont

FEMMES TATOUÉES DE LA SANGHA.

encore très petits. Les tatouages ne sont faits qu'entre dix ou quinze ans, ainsi que le perçage de la cloison du nez. La coutume de percer les ailes du nez aux femmes ne date que de l'arrivée des Belges dans la région. Le tatouage du front a été apporté par les Zandés.

Les tatouages les plus extraordinaires que j'ai vus en Afrique sont ceux des femmes bangalas, qui ont, depuis le sommet du crâne jusqu'à la pointe du nez, des perles de chair ayant plus d'un centimètre d'épaisseur, sans compter les rinceaux et feuilles d'ornements exécutés en relief sur les joues; quant aux femmes de la Sangha, dont la peau ressemble absolument à du cuir de Cordoue, tant elle est couverte d'arabesques et de décorations en relief, elles respectent absolument leurs visages. Quelques-unes ont sur la poitrine et dans le dos des raies transversales et des *hongroises* qui les font ressembler à des hussards noirs. C'est par un travail long et douloureux qu'on obtient ces jolis résultats. Les artistes se servent pour exécuter ces bas-reliefs de petites spatules en fer tranchant. La coquetterie fait supporter le supplice avec un stoïcisme admirable.

Les N'Sakkaras s'enduisent tout le corps avec un mélange d'huile et d'un bois rouge broyé qui contient du tanin en forte proportion. Ils se tannent pour ainsi dire la peau et évitent ainsi les piqûres et les morsures des insectes, et surtout les blessures dont les Européens ne peuvent se garantir en passant au travers des fourrés. Sous les bras et sur la poitrine, les femmes se frottent avec l'huile tirée de la gousse du tamarinier. Elles se font sur le front des raies perpendiculaires et d'autres parallèles aux sourcils avec du noir composé d'huile et de charbon de paille. La plupart vont nues, n'ayant pour tout attirail qu'une ceinture de coris (petits coquillages servant de menue monnaie dans une grande partie de l'Afrique centrale.)

Quand les N'Sakkaras sont malades, ils se peignent sur le corps, avec du kaolin ou de la terre d'ocre, des signes cabalistiques. (Ces signes, paraît-il, épouvantent *Karouba* (le diable), qui quitte alors la case du malade.)

Presque tous les indigènes se liment les dents, pour les desserrer, disent-ils, du collet jusqu'à l'extrémité. Cette coutume commence à disparaître depuis l'occupation européenne. On a long-

EXÉCUTION DES ADULTÈRES.

temps répandu le bruit que les dents limées étaient le signe du cannibalisme; c'est une erreur absolue, et quantité de peuplades, qui ne mangent pas la chair humaine, ont les dents limées.

Quand un chef veut se marier avec la fille d'un autre chef, il va le trouver, lui demande à voir sa fille et, la prenant par la main, il dit : « Je suis content de cette femme, je la garde. » Quand il la ramène dans son village, on fête son arrivée par des chants et des danses.

Ces cérémonies n'ont pas lieu quand il prend pour femme la fille d'un de ses sujets.

Les fils de chefs reçoivent leurs femmes des mains de leur père, à moins qu'un autre chef ne leur *donne* une de ses filles.

Tous les matins, le chef réunit ses femmes autour de lui et désigne celle avec laquelle il passera la nuit.

Les autres N'Sakkaras achètent le plus souvent leurs femmes, à moins que leurs chefs ne leur en donnent, pour se les attacher, ou en récompense de services.

Une femme ordinaire coûte de cinquante à soixante petits colliers de perles en verre rouge ou blanc, opaque; un de ces colliers contient un peu plus d'une cuiller à café de perles.

Une *belle* femme coûte un fusil à piston ou cinquante fers de lance.

Bangassou, à lui seul a, paraît-il, plus de *mille* femmes; mais comme il ne peut pas les nourrir toutes dans un même village, il a trouvé un moyen pratique et économique d'y pourvoir : il les envoie en *subsistance* chez les autres chefs, qui les traitent le mieux qu'ils peuvent.

Ce procédé n'est pas sans présenter de graves inconvénients. Bangassou, qui a des espions partout, apprend souvent qu'une de ses femmes a eu des complaisances coupables pour un de ses sujets. Il envoie alors l'ordre au chef de village de lui amener la femme adultère et son complice. Il les fait mettre ensemble à la *barre de justice* et fait rassembler les hommes, les femmes, les enfants.

Il dit alors : « Cet homme a eu des relations avec ma femme, je vais le tuer devant tout le monde. » Puis il soumet la femme à l'épreuve du poison. Si elle tombe, elle est convaincue d'adultère et mise immédiatement à mort avec son complice, qui est donné à manger aux spectateurs.

Si la femme résiste à l'épreuve, elle est mise en liberté, parce qu'elle *n'est pas coupable*; l'homme seul est mis à mort. Drôle de logique!

L'adultère entraîne la condamnation immédiate, quand il a été commis avec la femme d'un chef; dans les autres cas, on donne au complice, qui est attaché à la barre, un délai de deux lunes pour racheter avec des cabris, des armes ou autres objets, le dommage causé au mari.

Si, au bout de ce délai, il n'a pu s'acquitter, il est exécuté et son corps donné à manger.

Ces exécutions ne sont pas rares.

CHAPITRE XI

Médecine. — De la mort et du culte des morts.
Exorcismes. — Jeux, danses, musique.

La médecine chez les N'Sakkaras, comme chez tous les noirs, est forcément un mélange d'empirisme et de pratiques de sorcellerie. Leurs médecins sont plus ou moins des charlatans, dont quelques-uns arrivent parfois à posséder des recettes qui ne sont pas plus mauvaises que d'autres.

Ils ont du reste une réputation très établie d'empoisonneurs émérites : c'est toujours eux qu'on charge de la préparation des breuvages d'épreuve à l'usage des prévenus de vols, d'assassinat ou d'adultère, prévenus dont la culpabilité s'établit d'après les effets plus ou moins caractérisés du poison ingurgité par le patient.

Ces médecins-féticheurs disposent donc ainsi, au gré de leur fantaisie ou de leur intérêt, de la vie des accusés, sans autre contrôle ni responsabilité que leur conscience, qui, très probablement, doit avoir une élasticité digne de celle de certains de nos docteurs et magistrats.

Les N'Sakkaras connaissent certainement les propriétés de beaucoup de simples; les *guérisseurs-féticheurs* (qu'on paye après guérison) s'en servent et obtiennent quelques résultats, qu'on attribue à leur puissance occulte.

Ils pratiquent très souvent la saignée à la langue.

Pour se rendre compte de la quantité de sang écoulé, ils le reçoivent sur une feuille de bananier; pour l'arrêter, ils frottent la langue avec une feuille d'arbre, d'un vert foncé, qui contient des principes hémostatiques bien caractérisés.

Ils guérissent quelquefois les ulcères et obtiennent d'assez bons résultats pour les plaies produites par les lances ou les couteaux. Ils réduisent les fractures, qu'ils maintiennent avec des *attelles* de leur fabrication; mais leur art ne va pas jusqu'à empêcher les déviations, qui en général sont très sensibles.

LE CRAPAUD GUÉRISSEUR

D'autres fois ils emploient de bizarres méthodes pour guérir certaines maladies :

Pour les maux de tête, par exemple, ils prennent un crapaud par la peau du dos et frottent consciencieusement le ventre blanchâtre de l'animal sur le front du patient, jusqu'à ce que ce ventre rougisse légèrement, ce qui arrive forcément étant donnée la friction, qui finit par faire affluer le sang à la peau du batracien. Je ne sais si le résultat est concluant, mais il est certain que nous voyons dans nos villages les commères préconiser des remèdes aussi ridicules, témoin l'emploi de *clefs dans le dos*, pour arrêter l'écoulement du sang par le nez; les *colliers de liège*, pour faire passer le lait; les *pommes de terre dans la poche*, pour calmer les rhumatismes; et enfin les *peaux de chat sur l'estomac*, pour empêcher les névralgies; sans compter les exploits des empiriques, assistés de vrais docteurs, qui, avec les somnambules, donnent les consultations les plus abracadabrantes, d'accord en cela avec certains pharmaciens spécialistes.

Dans beaucoup de cas on peut voir que nos hommes de science n'ont rien à envier aux féticheurs.

Quand un chef est malade, on commence, avant d'avoir recours aux *guérisseurs*, par prendre certaines précautions : ainsi, personne ne doit faire de bruit, on ne fait pas de musique dans ses villages, les femmes restent dans leurs cases ; de plus on cherche, par des moyens tout à fait étranges, à établir des responsabilités à propos de la maladie ; car il est bon de remarquer qu'on suppose toujours d'emblée qu'il y a eu empoisonnement.

On rassemble tous les habitants ; les esclaves sont placés en cercle, et le chef désigne lui-même les deux qu'il croit coupables.

Ces malheureux subissent l'épreuve du *jouu*, instrument composé de deux disques plans, qu'on mouille et qu'on place l'un contre l'autre ; l'oracle dépend de l'adhérence ou de la non-adhérennce des deux disques.

Quand l'adhérence se produit, l'esclave est accusé d'avoir empoisonné le chef. Il nie toujours ; on soumet alors un poulet à l'épreuve du poison.

Si le poulet résiste, l'accusé est innocent, tandis que, si la bête succombe, il est immédiatement mis à mort et son corps donné à manger aux assistants.

J'ai tenté d'assister une fois à un jugement semblable aux environs de Banghi; mais on m'a donné nettement à comprendre qu'on désirait me voir ailleurs; je n'ai pas insisté, n'étant pas en force pour soutenir mes prétentions. Comte, qui m'accompagnait en cette circonstance, fut le premier à me déconseiller toute résistance.

Quand un esclave meurt de maladie, on lui creuse une fosse au fond de laquelle on le place couché sur le côté droit, les genoux ramenés contre la poitrine et les deux mains réunies sur la tête.

La fosse est creusée derrière la case du défunt.

Lorsqu'une femme perd son mari, elle se coupe les cheveux et s'entoure la taille avec une ceinture en raphia; elle reste trois lunes dans une case séparée en dehors du village et elle *doit* passer son temps à pleurer. A l'expiration de ce délai, elle va se baigner, puis reprend la vie ordinaire.

Je ferai remarquer en passant qu'il n'y a pas à plaisanter avec ces démonstrations de douleur obligée vis-à-vis du défunt : à Bolobo, nous trouvâmes une femme littéralement assommée devant la porte de sa case. C'était une malheureuse veuve qu'on avait surprise en train, pour se distraire, d'esquisser un pas folichon. Ses autres compagnes s'étaient charitablement chargées de la correction.

Combien de veuves chez nous pourraient frémir à ce récit !

A la mort d'une de ses femmes le chef ne fait aucune cérémonie.

Par exemple, lorsqu'il s'agit du trépas d'un chef, c'est une autre affaire.

Tous ses hommes se rassemblent : on le couche et on l'attache sur un tambour en bois, et ses guerriers l'emportent au village de Bangassou, où on enterre tous les chefs N'Sakkaras.

Comme on sacrifie toujours à la mort du chef un certain nombre de ses esclaves et de ses femmes, beaucoup d'entre eux se sauvent dans la brousse, pour échapper à cette coutume barbare. Ces malheureux, qui courent risque d'être rattrapés ou même de tomber entre les mains des habitants d'autres villages, qui les empoisonnent toujours ou les mangent, cherchent, s'il y a des postes de blancs dans les environs, à s'y réfugier. J'en ai vu qui avaient parcouru à travers les bois plus de 200 kilomètres pour atteindre une sta-

UNE VEUVE ÉCHAPPÉE AU MASSACRE.

tion française. Là on employait les hommes à la culture des jardins et à divers travaux, et on laissait les femmes vivre à leur guise. Elles en profitent généralement pour se livrer au trafic de leurs *charmes*. C'est moins fatigant et plus lucratif.

Mais revenons aux funérailles.

Celles des victimes désignées qui n'ont pu échapper, accompagnent le corps, ligottées et entravées; ceux qui ont pris la fuite sont remplacés par d'autres esclaves, ce qui détermine parfois des fugues en masse : c'est le cas de dire « qu'il vaut mieux *courir* que *tenir* ».

Tous les chefs N'Sakkaras, prévenus, arrivent à Bangassou; on procède alors à l'inhumation avec le cérémonial ordinaire.

On creuse une sorte de caverne dans la montagne qui sert de sépulture à tous les chefs. Le mort est étendu sur des peaux de léopards, puis le grand chef des N'Sakkaras, actuellement Bangassou, fait étrangler les esclaves et les femmes.

Le nombre n'en dépasse pas *trois*, quand c'est un petit chef, il va jusqu'à *trente* quand il est puissant. Les femmes sont couchées de chaque côté du cadavre; celles de droite sur le côté gauche et celles de gauche sur le côté droit, de façon à le *regarder*. La première de chaque côté a une main posée sur lui. Un esclave est couché à ses pieds. On recouvre le tout d'une couche d'argile et on ferme l'entrée de la tombe avec de gros bois contre lesquels on accumule extérieurement de la terre.

Le jour de la mort du chef, aucun de ses sujets ne mange; ses femmes doivent rester enfermées et le pleurer pendant six lunes.

A la suite de la cérémonie d'inhumation, le grand chef envoie trois messagers au fils du mort, qui doit lui succéder, pour lui donner l'ordre de tuer ou de laisser vivre les femmes et les esclaves qu'il lui désigne.

Après la mort de son père, son fils aîné, qui doit régner après lui, s'assied sur le siège du défunt et fume sa pipe. Tous ses sujets présents frappent des mains et lui disent : « Maintenant tu es chef, tu commandes aux *esclaves* de ton père; il faut que tu sois un bon chef et que tu ne sois pas *comme un enfant*.

Il hérite des esclaves, des biens de son père, ainsi que de ses femmes, *dont il profitait du reste auparavant*, ce qui est absolument admis, de même que les prêts de femmes entre chefs.

A la mort d'un de ses fils, un chef le pleure; s'il est marié on enterre avec lui, près du village, une de ses femmes et un esclave. Le choix naturellement tombe toujours sur ceux qu'il chérissait le plus. (Soyez-donc l'ami des grands!)

Les chefs des environs assistent à l'enterrement, et rendent visite au père, qui les attend enfermé dans sa case.

Voici quelques détails à propos du culte des morts :

A la mort de son père, un fils doit planter auprès de sa tombe une sorte de fourche où il place un cornet de bois ou de terre glaise dans lequel il a soin de mettre et de renouveler de la nourriture pour le défunt. S'il ne le fait pas, c'est qu'il est un mauvais fils. Tout à l'entour sont placés d'autres perches surmontées d'objets ayant appartenu au mort, tels que vaisselle, calebasses et autres ustensiles, qu'on a soin de trouer au centre, pour les rendre hors d'usage : bonne précaution, malgré le fameux *respect des morts*.

Aussitôt son père enterré, le fils achète un petit bouc et le garde en liberté dans son village; —

ce bouc a l'âme de son père qu'il ne peut plus voir, et il le consulte de temps en temps. Personne ne doit frapper l'animal sous peine de mort.

Dans un palâbre avec les N'Sakkaras, que Comte et le docteur Viancin, médecin de la Mission, eurent à régler, le chef *Moda Boendi* leur opposait toujours un argument irrésistible sur lequel il s'appuyait pour traîner les négociations en longueur. « Le bouc qui avait l'âme de son père Boendi avait été tué d'un coup de baïonnette par un Sénégalais. » Comme Moda Boendi était très âgé, cette mort l'avait fort affecté; il y voyait un mauvais présage.

Quand le bouc sacré meurt, c'est un deuil général; les hommes *viennent le voir*; personne ne mange ce jour-là; on lui fait des funérailles et il est enterré, enveloppé dans un tissu (tissu d'écorce d'arbres ou de traite). Aussitôt en terre, il doit être remplacé par un nouveau sujet.

Il est certains objets, végétaux, arbres, etc., sur lesquels les chefs et les *guérisseurs* lancent un exorcisme, c'est le *Tabou* d'autres peuplades sauvages; les N'Sakkaras l'appellent *Madiniaka*.

Une fois le *Madiniaka* prononcé, personne

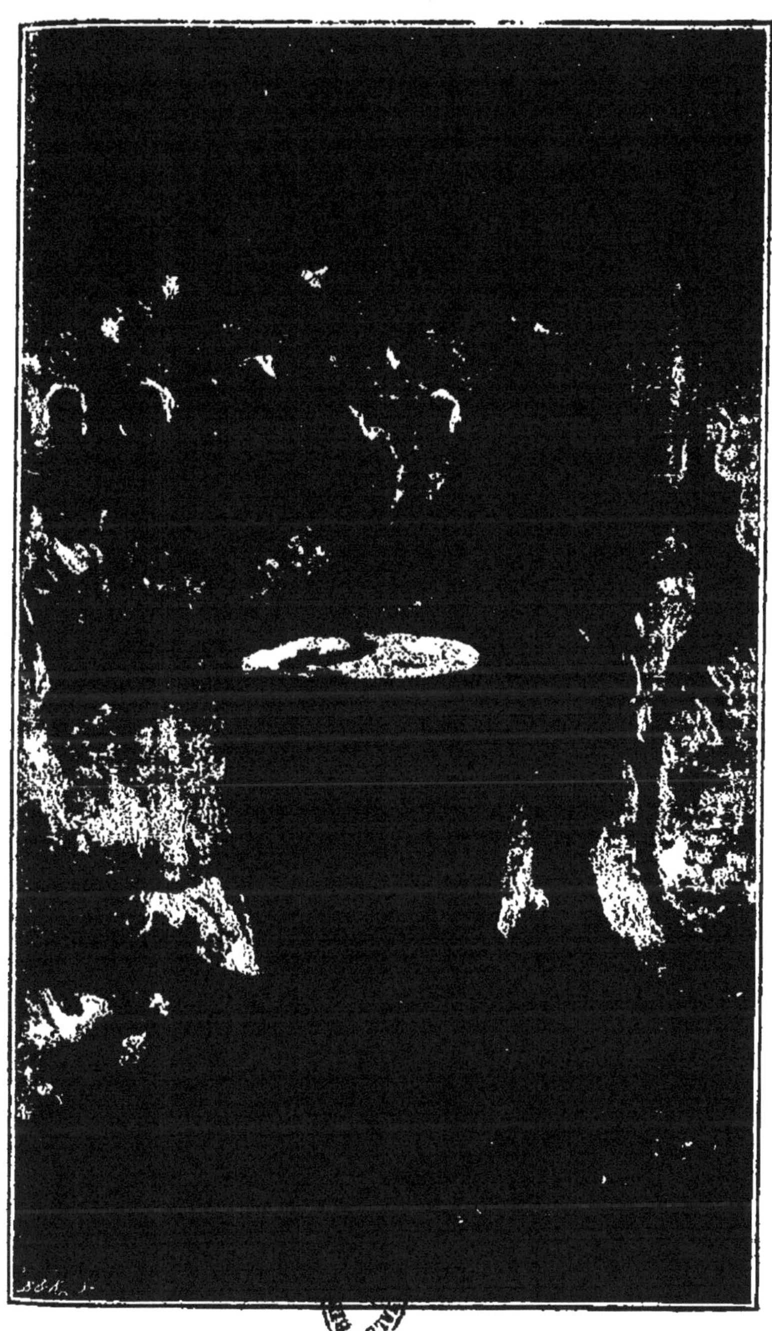

DANSES SUGGESTIVES.

n'ose toucher à l'être ou à l'objet qui en est couvert ; et on s'en éloigne, avec effroi, comme d'une chose qui porte malheur. A propos de ces terreurs superstitieuses des nègres, il me revient en mémoire que dans une conversation que j'ai eue avec le père Garnier à *Brazzaville*, il me conta, en me montrant deux statues colossales de Saint-Pierre et de Saint-Paul, qui ornaient la façade de la petite église, qu'après la pose de ces statues envoyées d'Europe, durant des mois, à plusieurs lieues à la ronde, les noirs n'osaient s'aventurer près de la Mission, une fois la nuit tombée ; ceux même qui appartenaient au couvent, passaient avec terreur et à toutes jambes, en décrivant un cercle énorme, devant les deux redoutables *fétiches*. Ça ne rappelle-t-il pas nos Bretons d'il y a cinquante ans à peine?

Chacun sait que la danse est le plaisir favori des nègres. Les N'Sakkaras sont certainement de toutes les peuplades centrales de l'Afrique celle qui est la plus passionnée pour cet exercice.

Tout le temps que les jeunes gens n'emploient pas à servir leur seigneur et chef est consacré aux tamtams. Devant le village particulier de chaque chef une grande place est réservée pour les réunions, les jeux et la danse. Ils ont une telle passion pour cet exercice que, pendant des journées et des nuits entières, ils sautent en rond sur une cadence fort bien rythmée, remuant jambes et bras, au son d'un clavecin en bois, dont joue une sorte de *trouvère*, qui improvise en même temps des chants où il célèbre la valeur des chefs, la sagesse des anciens, la jeunesse, la force, le courage. D'énormes tambours de différents tons, en peau ou en bois, des trompes en ivoire de toutes tailles, des guitares, des flûtes complètent l'orchestre dans les grandes occasions et ajoutent à l'originalité de ces exercices, qui ont beaucoup de rapport avec nos anciens *quadrilles*.

Quelques danses suggestives, auxquelles les femmes prennent part, ont lieu pendant la nuit; elles sont, du reste, peu fréquentes et rappellent volontiers les *sabbats* du moyen âge, par les excentricités érotiques que favorise l'obscurité.

Les chefs, surchargés de verroteries, de plumes et d'oripeaux, exécutent devant leurs femmes une danse particulière qu'ils appellent N'Ganga et que nous autres blancs nous qualifiions de

LA PETITE TSÉ-MÉ.

cancan, à cause de sa similitude avec *le pas* des étudiants de jadis. (On a raison de dire qu « 'il n'y a rien de nouveau sous le soleil) ».

Les femmes, assises en cercle sur de petits tabourets de bois sculptés, applaudissent les danseurs avec frénésie, rivalisant de cris et d'éclats de rire. Les héros de la fête, excités par ces encouragements, s'en donnent jusqu'à ce qu'ils tombent de fatigue (ce que c'est pourtant que la gloire).

Presque tous ces détails, je l'ai dit, m'ont été fournis par Comte, qui avait séjourné assez longtemps au pays des N'Sakkaras.

J'avais en outre rencontré quelques types de cette nation durant ma route et j'avais pu me convaincre *de visu* de la belle construction de la race, dont les femmes sont particulièrement gracieuses, quelques-unes presques jolies.

L'une d'elles, la petite *Tsé-Mé*, qui vivait à la station, avait un charme véritable, malgré son petit museau de singe.

Elle avait connu Bangassou et en parlait avec un mélange de respect, de terreur et d'admiration. Nous la faisions danser le soir devant les feux, telle Salomé, etc.... Je me la représente parfaitement apportant une tête sur un plat à son sultan noir.

Son costume, comme vous pouvez juger, était des plus sommaires.

C'est égal, comme tout cela reporte loin du boulevard !

CHAPITRE XII

Mort tragique de Comte. — Le docteur Sambuc et le lieutenant Morissens. — Adèle, t'es belle, etc. — Distractions innocentes.

Le pauvre Comte, auprès duquel j'ai tant avancé mon éducation africaine, avait la confiance de M. Liotard, avec lequel il était toujours en correspondance; d'une grande activité et d'une rare énergie, il apporta de sérieuses modifications à l'installation du poste (le poste de Banghi avait été fondé par le vaillant explorateur Ponel); on le voyait sans cesse en route, rayonnant autour de sa station à de très grandes distances, établissant des relations avec les peuplades les plus éloignées. C'est dans une de ses expéditions qu'il perdit la vie peu après mon départ.

Voici les détails que j'ai recueillis sur ce douloureux incident, malheureusement trop fréquent sur la terre d'Afrique.

Comte, qui avait traité avec presque tous les chefs de village bordant la rive droite de l'Oubanghi et celles du *M'Poco*, avait laissé dans chaque petite localité un *garde-pavillon*, sorte de représentant chargé de garder le drapeau, qui était hissé au bout d'une longue perche chaque fois qu'une pirogue ou un bateau français passait sur le fleuve.

Ces gardes-pavillon étaient presque tous des miliciens sénégalais. Ils étaient généralement choyés et bien traités par les indigènes, mais abusaient souvent de cette hospitalité ; leurs assiduités auprès du beau sexe nous attirèrent plus d'une fois des désagréments.

Dans la circonstance qui nous occupe, la conduite du garde-pavillon dépassa toutes les limites permises, et c'est la femme principale du chef qui fut l'objet des attentions de notre soldat. Cette femme, paraît-il, jouissait d'une grande réputation de beauté parmi les indigènes et était adorée de son époux. Répondit-elle aux avances du garde-pavillon? Je ne saurais le dire; mais ce qui est certain c'est qu'on trouva un beau matin le cadavre calciné du Sénégalais sur l'emplacement de sa case, qui avait été incendiée durant la nuit.

Comte, ayant appris le fait par un espion, partit avec vingt et un miliciens, qu'il embarqua dans une seule pirogue, et on se dirigea vers le village en question (Yakoli).

Arrivés à la hauteur des cases échelonnées sur la rive, un feu de salve fut exécuté; et, comme on s'attendait à une riposte des Bondjos, tous les soldats se baissèrent à la fois et du même côté, pour laisser passer le feu. Ce mouvement simultané fit chavirer la pirogue : dix-sept hommes périrent noyés avec le malheureux Comte, dont le cadavre et ceux de plusieurs de ses compagnons furent repêchés et dévorés par les indigènes; sa tête retrouvée fut, je crois, ramenée à Banghi, où on l'enterra dans le petit cimetière déjà trop célèbre par les nombreuses victimes dont il recèle les dépouilles.

Les représailles contre les Bondjos furent terribles. Ce fut le commandant Morin, mort à Banghi peu après, une ancienne connaissance de Brazzaville, qui fut chargé de conduire l'expédition.

Cette expédition, composée de quarante tirailleurs sénégalais, auxquels fut adjoint un certain nombre d'auxiliaires noirs, ennemis des Bondjos, partit de nuit et surprit *Yakoli* avant le lever du soleil : le village fut incendié et les habitants massacrés; plusieurs villages des environs furent également détruits, et l'on se retira, laissant les indigènes alliés se ruer au pillage et dévorer les morts. (Cette scène de boucherie fût impossible à éviter avec d'aussi sauvages compagnons.)

Le pauvre Comte était plutôt gai, avec une certaine austérité de mœurs. Contrairement aux habitudes de la plupart de ses camarades africains, il vivait seul et paraissait peu s'occuper de femmes. C'était peut-être la raison de sa vigueur et de sa santé.

Lui et un de ses amis, M. Bobichon, homme sérieux et énergique, ont rendu de véritables services à la mission Marchand.

Certainement celui-ci ne l'oubliera pas.

. . . .

Banghi marque un de mes bons souvenirs de voyage en Afrique; j'y ai, grâce à Comte, trouvé un mois entier de repos, ce qui m'était tout à fait nécessaire. Là aussi le docteur Sambuc

COMTE ET SON GARDE-PAVILLON.

(le docteur Sambuc a succombé depuis), un bon camarade de Brazzaville, où il m'avait déjà prodigué ses soins désintéressés, m'a fortement aidé à couler de bons moments : je n'oublierai jamais les histoires du *trou au peintre*, du *cochon rouge*, de l'*éléphant* et autres petites aventures avec mon voisin d'en face le lieutenant belge Morissens.

M. Morissens, jeune homme tout délicat et tout pâle, à la figure amaigrie et mélancolique, pauvre enfant de vingt ans, qui restait là, seul, dans son poste, de l'autre côté de la rivière; je le vois toujours avec son air tranquille et résigné, arrivant dans sa pirogue. Nous aimions à le recevoir, et lui se faisait une fête de traverser la rivière, pour venir passer la soirée avec nous : souriant sans presque dire un mot à toutes nos farces et plaisanteries bruyantes, il nous faisait souvent veiller beaucoup plus tard que nous n'aurions voulu, et nous n'avions pas le courage de lui faire sentir que nous étions fatigués. Il nous considérait avec des yeux si patients et si doux, comme plongés dans la béatitude.

Je me souviens qu'un soir vers onze heures, au moment où nous pensions qu'il allait prendre congé de nous, il s'avisa de demander à Comte :

« A quelle heure pensez-vous que la lune se lève? — Mais, répondit Comte, vers les deux heures du matin. — Ah! bien alors, répondit Morissens avec calme, j'attendrai. »

Nous étions tellement stupéfaits que nous nous mîmes tous à rire. Il ne parut pas s'étonner et pensa probablement : « Comme ces Français sont gais! » Quel charmant jeune homme!

Pourvu qu'il ait résisté à cet horrible climat! Il me paraissait bien malade et bien affaibli quand je l'ai quitté.

Je me souviens, entre autres joyeusetés, avoir employé un certain temps et une certaine patience à enseigner aux *boys* de la station un refrain de Paris plutôt gaulois :

Adèle,
T'es belle,
J'en pince pour tes gros n.....
T'es blonde,
T'es ronde,
Et j'aime tes yeux folichons,
Ah, ah, ah!

Ces bons *boys*, aussitôt qu'ils apercevaient une femme, entonnaient le couplet. Ça finit par devenir une scie pour les pauvres négresses qui descendaient puiser de l'eau à la rivière : inti-

ADÈLE,
T'ES BELLE,

midées et n'y comprenant rien, elles passaient en riboulant de gros yeux effarés. (Il faut bien s'égayer un peu quand on est dans la misère.)

Combien de fois avec Comte, Germain, Mangin et même Marchand, nous sommes-nous tordus à propos d'enfantillages et de petites niaiseries d'écoliers!

Je me rappelle entre autres une facétie bien innocente, qui avait le don de m'exaspérer : pendant que nous remontions l'Oubanghi avec Comte, Germain, ayant pris une de mes ombrelles, s'amusait à la laisser tremper dans le courant, qui la faisait mouvoir comme une roue de moulin.

Cette manœuvre détériorait évidemment mon ustensile; je n'étais pas content, et mes deux lascars continuaient le manège avec acharnement, se pâmant de rire devant ma mauvaise humeur.

J'espère bien revoir en santé ce brave Germain qui m'avait si traîtreusement baptisé à bord du *Stamboul*, où ma vengeance fut de le voir perdre son temps à courtiser les petites nonnes et à me *monter des bateaux* inutiles.

Il aimait beaucoup à faire des *blagues* et me poussait, quand on était à table, à tomber sur la magistrature, sachant parfaitement que Mangin appartenait à la noblesse de robe. Le malicieux Mangin lui-même m'encourageait du sourire et du geste, et, quand j'avais commis une belle *gaffe*, c'était de la part de tous des éclats de joie sans mélange. En vain j'essayais de me rattraper ; on me faisait impitoyablement rissoler dans mon *four*. Parfois, c'était Comte, qui, d'accord avec *le* Sambuc, faisait servir des bêtes extraordinaires dans ce qui restait du potage ou des *beignets à la filasse* ou d'autres friandises dans le même goût. (C'est l'ami Baratier qui avait inventé les fameux beignets.)

D'autres fois c'était d'affreuses guenons qu'on lançait à mes trousses. Il est vrai que de mon côté je n'étais pas en retard et que je me défendais *unguibus et rostro*. Plus d'une fois même dans ces sortes d'escarmouches, je suis resté maître du terrain.

Je dois dire par hasard que j'avais à Banghi des voisins de case plutôt *chics*. Ces voisins très complaisants et très aimables pour moi étaient, d'une part, un grand diable, haut comme un *horse-guard* et, de l'autre, ses deux femmes, pas mal du tout, ma foi ; le voisin les avait « à l'œil » et ne les lâchait pas d'une minute ; il est vrai que les

MES VOISINS DE CASE.

Sénégalais ne quittaient pas non plus la case de vue. Mais ces regards de convoitise ne faisaient qu'augmenter la vigilance du maître, vigilance qui se serait probablement fort relâchée s'il avait vu quelque profit sérieux à la clef.

Mais pourquoi médire, je n'ai jamais rien aperçu que de correct.

Ces braves gens me servaient de domestiques.

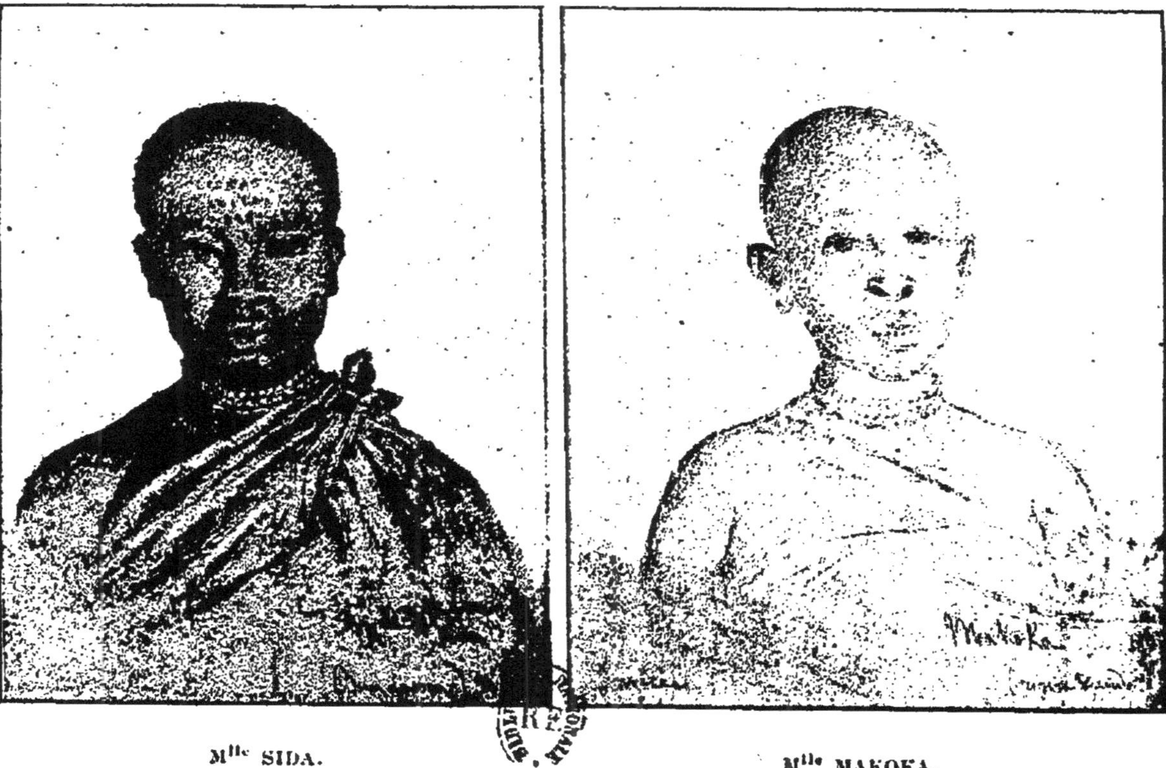

Mlle SIDA. Mlle MAKOKA.

CHAPITRE XIII

Les femmes d'Imécée. — Scène d'anthropophagie. — Une lutte de femmes. — Les pleureuses. — Un négociant modèle. — Mme Louettières. — La cargaison de Monseigneur.

A la descente du Congo, descente faite, comme celle de l'Oubanghi, en pirogue, dans la compagnie cette fois de mes amis belges, le capitaine Tonneau et le commandant Leclerc, qui m'avaient gracieusement offert l'hospitalité dans leurs embarcations, nous fîmes une station d'une huitaine de jours au poste d'Imécée, où je fus admirablement accueilli par le major *Van der Grinten*, commissaire du district.

Je profitai de ce séjour pour continuer mes études sur *l'élément féminin*, dont les spécimens se présentaient ici nombreux et variés.

Je rencontrai à Imécée toute espèce de femmes: des N'Sakkaras, des Banziris, des Zandès, des captives venant des bords de l'Aloua, probablement emmenées comme otages par les Belges, sans compter les naturelles des alentours appartenant à des peuplades foncièrement cannibales.

Parmi ces dames, deux amies, Mlles Sida et Makoka, toutes deux épouses de blancs, étaient sans conteste les personnes les plus intéressantes et les plus *distinguées* de l'endroit, au point de vue éducation et *manières*, surtout la petite Makoka, une fille Zandé, couleur de bronze, pleine de gaieté et d'entrain; elle nous plaisantait le plus drôlement du monde sur nos attitudes et nos diverses façons d'être, imitant notre démarche, nos gestes, nos intonations. Elle avait presque de l'esprit; ainsi elle devinait nos moindres désirs et était d'une complaisance remarquable, pour une foule de petites commissions. La grande barbe noire du commandant Leclerc l'avait absolument hypnotisée et elle ne cachait pas son admiration pour cet ornement, qu'elle indiquait d'un geste majestueux, avec ses deux mains lentement promenées de son visage à sa ceinture.

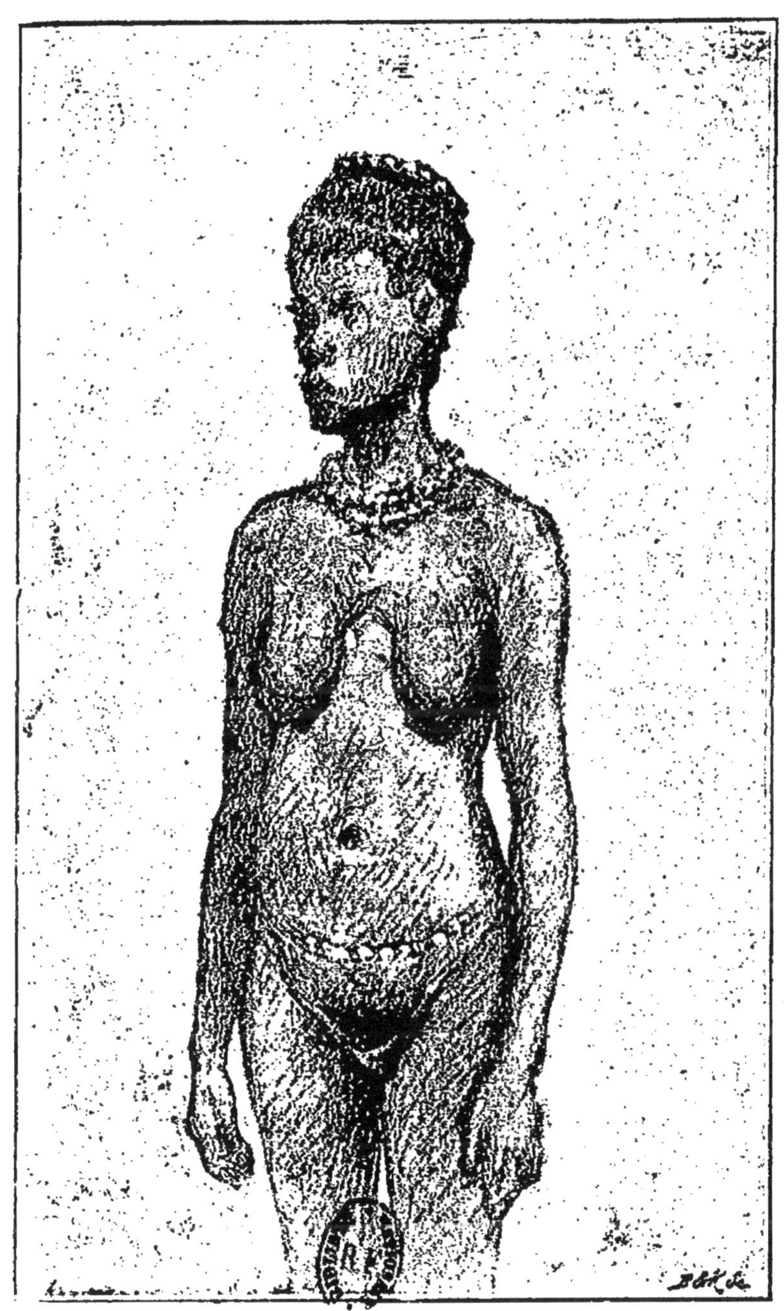

JEUNE CAPTIVE DE LA RIVIÈRE DE LALOUA.

22.

C'est Makoka qui m'amena un jour un type de femme extraordinaire, que j'avais rencontré sur les bords du fleuve, au milieu des captives, toutes plus hideuses les unes que les autres. Cette malheureuse créature, nue comme un ver et simplement ornée d'une couronne et d'une ceinture de coquillages, avait pris la fuite en me voyant faire mine de l'approcher. Makoka alla la chercher et, sur mes indications, la plaça dans le mouvement que je désirais. La pauvre femme effarée, ne sachant pas ce que je voulais d'elle, demeurait devant moi, raide, immobile, soufflant de terreur, les yeux hors de la tête. Makoka riait de ses angoisses et, quand mon modèle faisait mine de bouger, elle la replaçait dans la pose, lui relevant brusquement le menton, lui tournant la tête du côté indiqué, lui remettant en place les mains, que, par un instinct de pudeur naturelle, elle ramenait obstinément pour couvrir sa pauvre nudité *devant le blanc*.

Quand mon croquis, que je fis le plus rapidement possible (j'avais pitié de l'anxiété de la malheureuse), fut terminé, je pris dans ma malle un petit mouchoir de couleur et je le lui donnai ; elle l'examina un instant, puis se mit à rire comme un enfant et l'accrocha immédiatement à sa ceinture, pour s'en faire un voile; puis elle s'échappa comme un oiseau qu'on a pris et qu'on laisse envoler, et alla se réfugier parmi ses compagnes.

Rien de plus amusant que l'attitude de Makoka en face du mouvement pudique de sa congénère; elle se tordait littéralement, poussant des exclamations qui avaient l'air de dire : « A-t-on jamais vu pareille sauvage! »

A propos de ce sentiment de pudeur, surpris chez une primitive habituée à marcher sans aucun vêtement, j'ai pu remarquer mainte fois que la même femme, qui ne songera pas une minute à se vêtir dans un certain milieu, éprouvera une impression de honte et de malaise en face d'étrangers ou d'inconnus et cherchera à se voiler, ce qui tendrait à prouver que ce sentiment existe toujours, même à l'état de nature et en dehors de toute convention. Les quelques types qui sont insensibles à cette honte, sont extrêmement rares et peuvent se rencontrer à tous les échelons sociaux, chez les natures brutes ou inintelligentes, aussi bien parmi les civilisés que parmi les sauvages.

LUTTE DE FEMMES.

En somme, le manque de pudeur chez la femme est une monstruosité.

Tout près du poste belge se trouve le village indigène d'Imécée, qui a donné son nom à la station. Nous y fîmes plusieurs excursions, dont j'ai rendu compte dans mon premier volume : nous assistâmes entre autres au départ d'une pirogue pleine de femmes qui se rendaient à la pêche : c'était plutôt gai et gracieux ; et vraiment, en voyant ce spectacle paisible et riant, on se demandait s'il était possible que les mêmes gens fussent si féroces à un moment donné; cette scène s'accordait mal avec une autre qui me fut racontée par le chef de poste qui m'avait reçu à mon premier passage.

Voici ce qui était arrivé :

Une jeune femme, accompagnée d'une petite fille de six à sept ans, s'était échappée d'un village voisin et réfugiée chez les blancs, sans doute pour fuir le sort réservé à certaines veuves à la mort du chef.

Cette femme mourut d'accident peu de temps après. C'est alors qu'un noir de son village vint, de la part du nouveau chef, nous réclamer son corps, ainsi que la petite fille. On refusa de livrer le cadavre, craignant qu'il ne fût mangé; mais, sur la promesse formelle que l'enfant ne serait pas maltraitée, on la remit entre les mains de l'homme qui partit avec elle.

Peu d'instants après, le chef de poste, qui avait trouvé une mauvaise figure au messager, eut des soupçons et se repentit d'avoir laissé aller la petite fille. Il se mit avec quelques soldats à la poursuite de l'indigène, à peu près certain de le rattraper. La troupe avait à peine fait une demi-heure de marche dans la forêt, qu'un affreux spectacle s'offrit à sa vue : la malheureuse enfant, suspendue par les poignets à un buisson, était là pantelante, éventrée comme un cabri. Le meurtrier, surpris dans sa sinistre besogne, avait pris la fuite. Il fut impossible de le joindre.

A quelques jours de là, sur les instances et les menaces du Commandant de la station, il fut livré, jugé et fusillé par les Belges.

Une journée avant de quitter Imécée, où, comme vous savez, nous attendions le retour de la *Ville de Bruges*, qui devait nous redescendre à Brazzaville, nous eumes le plaisir d'assister à une scène qui ne manqua ni d'intérêt,

FILLE DES ENVIRONS D'IMÉCÉE.

ni d'originalité; ce fut une lutte entre femmes.

Voici comment se passa l'affaire :

Deux filles du village indigène, s'étant prises de querelle, s'étaient battues et, après une scène violente de pugilat, s'étaient résolues à porter leur cause devant le tribunal des blancs.

Elles se présentèrent donc, chacune avec plusieurs témoins, de leur sexe bien entendu. Le chef de poste, M. *Dumont*, après avoir entendu les griefs, ne sachant à qui donner tort ou raison et ne pouvant accorder ni surtout faire taire les parties, qui clamaient toutes deux à la fois, déclara que l'affaire serait réglée par une *lutte à main plate*, lutte dans laquelle, exactement comme chez nous, on n'a pas le droit de se frapper, ni de se saisir au-dessous de la ceinture, et où le vainqueur doit faire toucher les deux épaules à l'adversaire. Cette lutte entre femmes, toutes deux admirablement construites, fut longue et acharnée; à la fin, l'une d'elles, ayant traîtreusement saisi l'autre par son pagne, qu'elle portait roulé entre les jambes et autour des reins, comme un caleçon, et l'ayant arraché, l'un des témoins lui enleva également le sien; et nous vîmes continuer la lutte sans aucune espèce de voiles, avec les attitudes les plus risquées et les plus suggestives. Enfin la plus petite, étant parvenue à renverser sa rivale et, après des efforts inouïs, à lui faire toucher les deux épaules, on arrêta le combat. La vaincue voulait se jeter sur son adversaire pour lui arracher le visage; mais on mit le holà et chacune se retira avec son monde, animée des sentiments divers du triomphe ou de la honte, exactement du reste comme cela se passerait en pareil cas chez nous.

Si le directeur des Folies-Bergère voulait donner à son public un spectacle dans ce goût, je répondrais volontiers du succès; malheureusement, la *censure* y trouverait à redire et ferait certainement apposer les feuilles de vigne traditionnelles qui gâteraient tout.

Plusieurs nuits avant mon départ, j'avais été réveillé par les hurlements des femmes du village pleurant un mort. Rien de lugubre et de sinistre comme ces cris nocturnes, que j'avais déjà entendus à *Loudima*, à la mort d'un fils de chef, et que je devais encore entendre à *Matadi*.

Quand nous remîmes les pieds sur la *Ville de Bruges*, nous retrouvâmes nos anciennes compagnes de route, les femmes Bangalas, avec

JEUNE FILLE DE LA SANGHA.

leurs tatouages monstrueux et grotesques.

Nous passâmes, avant d'atteindre *Liranga*, devant les débris d'une factorerie abandonnée, auxquels je n'avais pas pris garde en montant; je demandai des explications au capitaine Lindholm, qui m'apprit que l'an dernier encore cette factorerie existait, placée sous la surveillance d'un Européen (rien de Français), qui mit la clef sous la porte et disparut, après avoir vendu à un chef voisin tout ce qu'il pouvait vendre, y compris son boy et sa femme, qu'il avait l'air de chérir tendrement. Seulement ce modèle de trafiquant s'était dit que « les affaires sont les affaires » et qu'on ne vient pas dans l'Oubanghi pour plaisanter.

C'est ce qu'on appelle, en langue commerciale, « liquider une situation ».

C'est en arrivant à Liranga que nous apprîmes la mort du chasseur d'éléphants Louettières, assassiné à Bongha, village où, si vous vous rappelez, s'était réfugiée sa belle compagne.

J'ai raconté tous les détails de cette mort dramatique dans *Vers le Nil français*.

Voici en peu de mot, ce qui s'était passé :

Vous savez qu'à la suite d'une querelle de

jalousie et de mauvais traitements, la belle négresse avait pris la fuite et s'était retirée à Bongha, son village natal. Là, elle avait été rejointe par Louettières, et il y avait eu raccommodement. C'était à la suite de ce rapprochement que le chasseur avait péri, assassiné dans le même village, sans qu'il y eût eu aucune corrélation entre ce meurtre et les démêlés avec sa maîtresse.

Après la mort de l'infortuné jeune homme, son amie retourna à Brazzaville. L'administrateur, M. Vitu de Kéraoul, m'a raconté de cette femme un trait des plus honorables :

En la quittant, au moment de faire sa dernière et funeste expédition, le malheureux Louettières lui avait confié une somme de 6 000 francs, qu'il l'avait chargée de remettre à M. Vitu, dans le cas où il périrait; sans doute il avait un pressentiment. La femme remplit fidèlement sa mission et fut vivement félicitée par les autorités. M. Vitu crut devoir prélever 100 francs sur la somme en question et les lui remit pour récompenser son honnêteté.

On dit malheureusement que le veuvage de Mme Louettières fut de courte durée; mais que

FEMME DE LA MOYENNE SANGHA.

voulez-vous? comme disait si bien une de ses congénères du Sénégal, « *puisqu'il était mort.* »

J'avais également retrouvé à bord une ancienne connaissance, Mgr Augouard, qui ramenait une cargaison d'enfants des deux sexes, achetés dans le haut fleuve; plusieurs de ces petits malheureux moururent *de faim* pendant le trajet; le capitaine du bateau, M. Lindholm, un brave homme, s'émut et leur fit donner du riz; faute de quoi, toute la bande y eût passé. Ces enfants étaient accompagnés par une jeune et jolie négresse, qui leur servait sans doute de gouvernante; celle-ci était plutôt en bon état.

Je suppose que ce jeûne a dû cesser quand on débarqua à Liranga, où se trouve une mission des bons pères.

Une chose bien curieuse, que j'avais déjà eu le loisir d'observer à Zongo, c'est la précocité de ces petits noirs, à peine âgés de quatre à six ans, se *débrouillant* déjà seuls, allumant eux-mêmes leur feu et furetant à la recherche d'une nourriture quelconque.

Durant une escale, faite par la *Ville de Bruges* sur la rive belge, pour permettre aux Bangalas d'aller pêcher dans un étang qui se trouvait sous bois, j'aperçus une petite fille, qui, au moment de l'embarquement, s'était attardée sur le rivage tenant en main un paquet d'herbes, qu'on lui fit lâcher malgré ses cris. Au moment où on allait enlever les planches qui servaient de passerelle, je la vis revenir vivement à terre et ramasser avec soin des petits objets blancs que je ne distinguai pas très bien et qu'elle plaça dans sa main gauche. Étant descendu au-devant de l'enfant, je pus me rendre compte qu'il s'agissait de petits poissons pris par elle au bord de l'étang où nos nègres avaient fait leur pêche. Tous les autres enfants en avaient rapporté autant, et je les vis en train de faire cuire leur provision. Je m'expliquai alors les cris de désespoir que j'avais entendu pousser à la petite fille quand on lui avait jeté son butin à terre. Pauvres mioches!

Je ne veux pas dire de mal des missionnaires, protestants ou catholiques, qui certes rendent des services; mais on nous a vraiment trop bernés avec leur charité inépuisable et leurs martyres; j'ai remarqué qu'en somme leur vie est beaucoup moins dure que celle des explorateurs ou chefs de postes. Ils sont le plus souvent bien installés, bien protégés, et ne négligent jamais leurs

ENFANTS ACHETÉS PAR LES MISSIONNAIRES.

petites affaires. Je les trouve en général d'un égoïsme parfait, toujours prêts à tout accepter, mais jamais à rien donner. Il doit y avoir des exceptions, mais elles sont fort rares. En somme, je suis encore à chercher les saints que j'avais rêvés, ces fameux héros de l'antique foi, dont les apostolats merveilleux ont troublé ma jeunesse. Encore une illusion d'envolée.

CHAPITRE XIV

L'amour en Afrique. — Je revois des blanches. — L'élément féminin à bord de l'*Albertville*. — Une émeute. — Triomphe de la barbe.

Nous en aurons bientôt fini avec le beau sexe africain, qui, en somme, en dehors du ton de la peau, a une grande parenté avec celui d'Europe.

Si, de temps à autre dans cette énumération et étude des us et coutumes particuliers aux femmes de couleur, j'ai été obligé de faire quelques descriptions un peu libres, j'ai toujours soigneusement écarté les scènes par trop nature, auxquelles j'ai été forcé d'assister.

Je pense que le public me saura gré de cette abstention : l'étalage de ces scènes n'eût rien ajouté au *caractère*, la seule chose qui doive nous toucher, et peut-être même eût gâté une étude consciencieuse et vraie par des images crues et de mauvais goût.

Dans mes récits, on a pu se convaincre que l'amour est partout le même, à cette différence qu'en Afrique il est moins entouré de mystère et moins assaisonné de simagrées hypocrites que dans les centres dits civilisés, où se rencontrent, à peine dissimulées, des écoles de débauche et de dépravation.

Qu'on le sache bien en Europe, ce sont en réalité les blancs qui vicient les noirs.

Ici les gens, simples enfants de la nature, se prennent et s'accouplent un peu au gré de leurs fantaisies, pour obéir à la grande loi de reproduction qui régit le monde. Du reste, le costume ou plutôt le manque de costume simplifie singulièrement les préliminaires, et c'est par les yeux et les caresses que se font les *déclarations*. C'est bien le cas de répondre comme un *ordonnance*, nommé Bonnefoy, que j'ai eu jadis à mon service et qui se flattait de ses succès auprès des dames d'un certain pays civilisé; comme je lui faisais remarquer qu'il me paraissait difficile qu'il eût rendez-vous avec une dame dont il ne parlait pas la langue, il me répondit délibérément que la parole était inutile en pareil cas et qu'*en amour le geste était tout*. Sans doute, il avait raison.

Maintenant il faut avouer que le mystère et les pourparlers entre amoureux ont bien leur charme; de même que les ruses et les petites roueries de la coquetterie, qui se rencontrent aussi quelquefois chez des sauvagesses, donnent en somme beaucoup plus de prix aux faveurs qu'on peut obtenir.

Par exemple, où j'ai vu que les femmes se ressemblaient partout, c'est dans l'art de tromper; c'est alors que leur talent de comédiennes et de traîtresses devient merveilleux; et ma foi, sur ce terrain-là, les noires valent les blanches: elles mentent avec un aplomb imperturbable.

On a souvent prétendu que les négresses ne s'occupaient que peu du physique de leurs préférés, ou plutôt qu'elles ne s'y connaissaient pas. Voilà encore une grande erreur : demandez plutôt à mon ami d'*Encausse*, qui est un jeune et joli garçon, si les petites négresses ne louchaient pas de son côté.

Maintenant, j'ai remarqué qu'elles avaient toutes une véritable admiration pour les grandes barbes, noires ou blondes.

Elles sont extrêmement fières, je dirai orgueilleuses, d'être l'objet de l'attention d'un blanc, mais je suis convaincu qu'elles reviendront toujours au noir, qui a pour elles des *avantages* le plus souvent incontestables. Elles ne vont pas chercher midi à quatorze heures : elles veulent chaussure à leur pied. En somme pour une négresse, le nègre sera toujours le morceau de résistance.

Ce côté un peu animal se rencontre quelquefois chez certaines blanches, qui auraient une tendance à trouver qu'à côté du noir nous manquons peut-être d'importance.

Nombre de nègres ont été fêtés en Europe par une certaine catégorie de petites dames, si j'en crois mon ami Porte, le directeur du Jardin zoologique d'Acclimatation.

Tout ceci, pour conclure, tendrait à démontrer que le *croisement des races* a été prévu par le grand ordonnateur de toutes choses. Il est vrai que certains docteurs américains ont prétendu que les *métis* ou *mulâtres*, à la troisième génération, cessent de se reproduire J'en doute, et je suppose que c'est la vanité anglo-saxonne qui a dû inventer ce racontar.

FEMME DE MISSIONNAIRE PROTESTANT.

Après cette dissertation toute physiologique, reprenons le cours de notre récit.

Je ne fis à mon retour que toucher Brazzaville. Je revis sans grande émotion cette localité, où j'avais laissé quelques bons souvenirs, mais aussi beaucoup souffert. J'étais fatigué et j'avais hâte de regagner la côte par l'état belge, où je comptais rencontrer un bout de chemin de fer, pour terminer mon pénible voyage. J'avais, en somme, assez des nègres et des négresses.

Cette dernière phase de mon odyssée en Afrique s'accomplit à pied à travers la brousse : j'effectuai une marche de quinze jours avec une troupe de noirs qui me donnèrent un mal atroce; les brigands semblèrent prendre plaisir à me laisser un dernier souvenir bien désagréable de mon séjour dans ces pays maudits. Nous traversâmes sans incidents autrement intéressants divers villages indigènes; puis je pus, comme j'avais espéré, faire trois cents kilomètres environ en wagon avec ma smalah, qui, durant ce dernier trajet, écarquillait les yeux et les oreilles de contentement. Eux aussi en avaient assez de la marche.

Arrivés à Matadi, tête de la petite ligne belge,

je pus m'embarquer à bord du beau steam l'*Albertville* (capitaine Blake).

J'ai, avant d'atteindre la côte, un dernier trait de mœurs congolaises à signaler : j'avais rencontré aux environs de *Kinchassa* une Mission protestante, dont le Supérieur était marié à une négresse; la dame en question étant devenue mère à la suite de leurs relations antérieures, le brave évangéliste s'était vu dans l'obligation de l'épouser, ce qui me paraît plutôt juste de la part d'un homme chargé d'enseigner la morale aux autres. On devrait bien en pareille circonstance forcer nos religieux à agir de même.

Les premières blanches que j'aperçus à mon retour étaient des Anglaises. J'ai dit mon impression à ce propos et je la remets sous les yeux du lecteur, si peu agréable qu'elle puisse sembler.

Cette façon de voir, un peu exagérée, j'en conviens, a été sincère de ma part ce jour-là. La voici :

« Mercredi 1er juin, un *boat* tout pavoisé amène à bord un groupe d'Anglais et d'Anglaises; ces dames sont les premières *blanches* que je vois depuis un an. Je ne vous dirai pas mon impression sur elles : ce sont des Anglaises, vous les connaissez, et quand on en a vu une, on trouve qu'elles sont toutes pareilles. On aperçoit le plus souvent, même au travers des plus jeunes, le manche à balai traditionnel qui leur donne la gracieuse tournure que vous savez. Quant aux messieurs, ils me font toujours l'effet d'avoir avalé un bec de gaz.

« Ces nouveaux hôtes m'apparaissent plutôt gênants; ce n'est certes pas un appoint pour la gaieté durant la traversée. Enfin, il faut supporter ce qu'on ne saurait empêcher.

« Je m'étais trompé, heureusement, et l'alerte était fausse : je vois les peu sympathiques insulaires déménager avec leurs délicieuses moitiés et reprendre le chemin de la terre, raides comme des parapluies. Tant mieux! Ces gens me font un effet lugubre et je crois toujours, à leur aspect, lire la suite du conte d'Hoffman « la poupée de Nuremberg ». Il y avait là une grande personne maigre, dont j'ai certainement entendu grincer les articulations, quand elle m'a frôlé en passant, et j'ai frémi en songeant qu'il se rencontrait des gentlemen assez courtois et amis du devoir pour.... »

Cette façon de voir, pour un peu exagérée

qu'elle soit, j'en conviens, a été sincère de ma part, ce jour-là : j'ai depuis apporté des correctifs à ce jugement fait un peu hâtivement et sous l'empire d'une humeur plutôt aigrie.

Je n'en avais pas complètement fini avec les nègres et négresses : le mercredi, 1er juin, on embarqua un stock de *Bangalas*, hommes et femmes, destinés à l'exposition de Bruxelles ; plus une centaine de soldats noirs de l'État, vêtus tout battant neuf. Je ne me doutais pas que les *dames*, malgré leurs horribles tatouages, devaient semer la discorde à bord.

Durant toutes nos escales à la côte, je m'abstins soigneusement de débarquer : j'avais suffisamment du sol africain et l'idée d'être oublié en route me donnait une prudence de serpent.

Je fis donc la traversée tout d'une traite, me contentant de faire des études de mœurs à bord.

Ça ne manquait du reste pas de pittoresque, et mes compagnons belges, avec leurs gasconnades septentrionales, qui sont très parentes des nôtres, égayèrent fortement le voyage. Les dames noires nous procurèrent également, en tout bien tout honneur, maintes distractions.

Une seule affaire de galanterie embruma un

instant le ciel plutôt serein de la traversée. Un soldat noir de l'État s'étant avisé de serrer d'un peu près la femme d'un Bangala, il s'ensuivit entre tous ces mauricauds une véritable bataille, à laquelle nous assistâmes du haut du deuxième pont et dans laquelle tous les ustensiles de ménage, marmites, casseroles, etc., servirent de projectiles et endommagèrent plus d'une face noire. Heureusement, les combattants n'avaient aucune arme et la lutte cessa faute de munitions.

Je dois dire qu'en somme ces dames furent plutôt convenables tout le long du trajet.

Je ne leur ai connu qu'une passion, mais une passion irrésistible, folle, passion qu'aucune d'elles n'eut la puissance de dissimuler. L'objet de ce penchant irrésistible était le *manager*, un Anglais très barbu. Je vous ai parlé plus haut de l'admiration des négresses pour les barbes. Le Manager en possédait une rousse, splendide, qui lui tombait jusqu'au nombril.

S'étant parfaitement rendu compte de son pouvoir hypnotisant, il s'établissait sur le deuxième pont et là, près de la balustrade, comme à une tribune, il donnait gratuitement des représentations aux femmes, qui l'examinaient en proie à une véritable extase : il passait la main sur cette barbe, l'étalait en éventail, la ramenait en pointe, la séparait de mille façons, la contournait autour de ses mains, de ses poignets, de son nez, de ses oreilles..., bref, c'était de l'enthousiasme, du délire parmi les spectatrices; une grande gaillarde, entre autres, plus hardie que ses compagnes, lui faisait les gestes les plus passionnés avec les bras, tantôt étendus vers lui, tantôt ramenés voluptueusement en croix sur la poitrine, imitant les mouvements d'un enfant chéri, qu'on presse sur son sein et qu'on berce en le couvrant de baisers

L'heureux *Manager* m'a affirmé qu'il en était ainsi dans tous les pays qu'il avait visités, en Afrique : on se l'arrachait littéralement.

CHAPITRE XV

Femmes arabes. — Prestige du costume. — Les ménagères noires. — Le mélange prévu des races.

J'allais commettre un oubli impardonnable : deux femmes de couleur foncée, à moitié Arabes, très belles du reste et vêtues à l'orientale, vivaient à bord, en compagnie de leur seigneur et maître, un Arabe noir, fait prisonnier et emmené en otage par les Belges. Grand, beau et majestueux d'allures, ce musulman avait été pris aux environs du lac Nyanza et avait, paraît-il, sur la conscience plus d'un méfait qui lui eût valu la peine capitale, si ses vainqueurs n'avaient trouvé bon de l'emmener à Bruxelles, pour l'exhiber à l'Exposition. Je pense qu'au fond il aimait mieux cela, à en juger par son allure satisfaite ; je me rappelle, au débarquement, l'avoir vu passer su-

25.

perbe et triomphant dans les rues d'Anvers, suivi de ses deux compagnes qui, pour la circonstance, avaient revêtu des vestes en velours bleu, soutachées d'or, avec de longs pantalons flottants à la mauresque. Le trio avait un véritable succès.

Les jeunes gens du bord avaient beaucoup tourné autour des deux odalisques, mais leur Othello ne les lâchait pas d'une semelle, et je crois que la conquête n'eût pas été sans danger pour les amateurs. Je suis donc à peu près sûr qu'on dut se contenter de la vue.

Au moment où nous approchions des îles Canaries, il m'a été donné d'assister à une transformation subite des femmes Bangalas, de sauvages en femmes civilisées. J'ai pu d'emblée me rendre compte du prestige extraordinaire du costume et de la vérité du proverbe qui dit que « si l'habit ne fait pas le moine, il le pare considérablement ».

En effet, en moins d'une heure, toutes ces dames, auxquelles on avait fait une distribution de peignoirs, de chaussures, de mouchoirs, provenant d'un fond de magasin quelconque, apparurent raides et guindées, n'osant ni marcher, ni s'asseoir, pour ne pas friper leurs belles toilettes neuves.

FEMMES ARABES DANS LES RUES D'ANVERS.

Durant un instant, elles tinrent les messieurs de couleur à une distance, que ceux-ci, émerveillés, ne songeaient plus à franchir. Eux-mêmes, lorsqu'on leur distribua peu après vestes, chaussures, culottes, etc., se transformèrent en *gommeux* et prirent leur revanche dans des poses ultra-distinguées. C'était tout à fait réjouissant. Hélas! ces respects de leurs personnes et de leurs tenues ne devaient pas durer longtemps.

Deux jours s'étaient à peine écoulés que les mêmes costumes, salis, froissés et *accrochés* de toutes manières, avaient pris l'aspect des loques traînées plusieurs semaines, dans les bas quartiers de Londres, par les ivrognesses de cette capitale. Les pauvres sauvagesses, gênées au bout d'un instant, avaient entr'ouvert, débraillé, retroussé leurs costumes d'une façon pitoyable.

« Chassez le naturel, il revient au galop. » La transition avait été par trop brusque : j'en conclus que, si la forme extérieure peut modifier momentanément les apparences, le fond reste toujours le même. Longtemps encore, on pourra, en grattant un nègre de l'Afrique centrale, retrouver un cannibale.

J'ai eu le loisir d'examiner pendant de longues

heures la *popote* des Bangalas; c'est intéressant, quoique les ménagères noires ne soient pas encore près de rivaliser avec les nôtres : une chose m'a choqué horriblement chez ces cuisinières, c'est de les voir employer indifféremment et à tour de rôle la même eau, soit aux ablutions, soit aux potages. Mon Dieu! ça n'est peut-être pas plus mauvais; on dit que le feu purifie tout, et très certainement les marmitons de nos restaurants doivent en savoir quelque chose.

Je pense, pour en revenir à la toilette des nègres, qu'on a la manie d'exhiber dans nos expositions internationales, costumés et parés pour la circonstance, je pense, dis-je, que l'on manque complètement le but visé, qui est d'instruire les gens conviés à ce spectacle.

A quoi rime cette façon d'attifer et colcter des négresses qui ont l'habitude d'allernues ou à peu près, chez elles; est-ce, par hasard, pour sauvegarder la décence ou les mœurs? Mais ne voyons-nous pas les mêmes objets exhibés, dans les salons les plus *sélects*, par nos dames, qui le font avec une provocation et les effets les mieux calculés pour surexciter l'imagination?

Il y a longtemps qu'on l'a dit : le nu n'est pas

indécent; c'est le déshabillé ou le débraillé qui l'est.

Du Sénégal aux îles Canaries, on passe sans transition de la race de couleur à la race caucasique : à Dahar, la population est noire; à Las Palmas elle est blanche; et les Sénégalaises, aux caracos bariolés et aux madras de toutes couleurs, sont remplacées par les jolies Espagnoles, aux mantilles. Ça n'est pas fait pour déplaire aux yeux déshabitués de voir des femmes de la race blanche, qui décidément est la plus belle et, je crois aussi, la plus intelligente, au moins pour longtemps. Disons même, en terminant, que les *beautés* en Afrique sont plutôt exceptionnelles, au moins au point de vue visage : les grosses lèvres déparent presque toujours les plus jolies noires.

Nous avions, à bord de l'*Albertville*, beaucoup de jeunes sous-officiers qui revenaient en Belgique, après un séjour de deux ou trois ans au Congo, rapportant tous des santés plus ou moins compromises et des habitudes et manières de vivre qui doivent certainement les ramener dans la colonie, où ils sont destinés à mourir plutôt jeunes.

L'un d'eux avait avec lui, entre autres bibelots et souvenirs intéressants du pays, une petite mulâtresse qui était tout son portrait. Il était marié à Bruxelles et comptait présenter la petite fille à sa femme, qu'il disait très *bon enfant*.

J'avais vu au Congo pas mal d'échantillons de ce genre ; mais, généralement, les propriétaires se gardaient bien de les emmener. M. X... avait au moins le courage de son opinion.

Je me suis toutefois permis de lui demander quelle tête il ferait, si à son arrivée au domicile conjugal, sa femme lui présentait le pendant de la petite métisse.

C'est le cas de s'écrier :

> L'Amour est enfant de bohème
> Et n'a jamais, jamais connu de loi ;
> Si tu ne m'aimes pas..., etc.

JEUNE LAITIÈRE, A LAS PALMAS.

ÉPILOGUE

Dans ce volume, où j'ai présenté mes descriptions parfois un peu nues, ai-je dépassé la mesure permise ? Je ne le pense pas. Je ne me suis nullement inquiété de l'opinion des *prudes*. Avec ceux-ci, esprits malsains, tartufes et pornographes par tempérament, on ne saurait tenter aucune étude sérieuse, sur nature, sans éveiller l'animal qui, selon Sainte-Beuve, sommeille sans cesse dans le cœur de l'homme. Nous sommes Gaulois et petits-fils de Rabelais, c'est-à-dire que nous envisageons volontiers le côté à la fois philosophique et comique des choses. Nous ne sommes ni pédants, ni solennels.

Méfiez-vous des gens graves et pâles : ces sortes d'*esthètes* ont presque toujours de mauvaises habitudes ou des goûts inavouables. Ça n'est pas pour ceux-là que j'écris.

CH. CASTELLANI, *peintre*

TABLE DES MATIÈRES

CHAPITRE V

CHAPITRE VI

CHAPITRE VII

CHAPITRE VIII

CHAPITRE IX

CHAPITRE X

CHAPITRE XI

CHAPITRE XII

CHAPITRE XIII

CHAPITRE XIV

CHAPITRE XV

38 225. — Paris. Imp. Lahure, 9, rue de Fleurus.

38319. — Imprimerie LAHURE, rue de Fleurus, 9, à Paris.

www.ingramcontent.com/pod-product-compliance
Ingram Content Group UK Ltd.
Pitfield, Milton Keynes, MK11 3LW, UK
UKHW021850190726
13855UKWH00001B/243

9 782013 467841